Conhecer o Ano Litúrgico que vivenciamos

Dados Internacionais de Catalogação na Publicação (CIP)
(Câmara Brasileira do Livro, SP, Brasil)

Arnoso, Rodrigo
  Conhecer o Ano Litúrgico que vivenciamos / Pe. Rodrigo Arnoso, Pe. Thiago Faccini Paro. – Petrópolis, RJ : Vozes, 2021. – (Coleção Formação Cristã)

  3ª reimpressão, 2024.

  ISBN 978-65-571-3022-3

  1. Ano Litúrgico 2. Cristianismo 3. Espiritualidade 4. Liturgia – Igreja Católica 5. Tempo 6. Vida cristã I. Paro, Thiago Faccini. II. Título III. Série.

20-49835   CDD-263.9

Índices para catálogo sistemático:
1. Ano Litúrgico : Observância religiosa : Cristianismo   263.9

Maria Alice Ferreira – Bibliotecária – CRB-8/7964

Coleção Formação Cristã

Pe. Rodrigo Arnoso, CSSR
Pe. Thiago Faccini Paro

Conhecer o Ano Litúrgico que vivenciamos

Petrópolis

© 2021, Editora Vozes Ltda.
Rua Frei Luís, 100
25689-900 Petrópolis, RJ
www.vozes.com.br
Brasil

Todos os direitos reservados. Nenhuma parte desta obra poderá ser reproduzida ou transmitida por qualquer forma e/ou quaisquer meios (eletrônico ou mecânico, incluindo fotocópia e gravação) ou arquivada em qualquer sistema ou banco de dados sem permissão escrita da editora.

CONSELHO EDITORIAL

Diretor
Volney J. Berkenbrock

Editores
Aline dos Santos Carneiro
Edrian Josué Pasini
Marilac Loraine Oleniki
Welder Lancieri Marchini

Conselheiros
Elói Dionísio Piva
Francisco Morás
Gilberto Gonçalves Garcia
Ludovico Garmus
Teobaldo Heidemann

Secretário executivo
Leonardo A.R.T. dos Santos

PRODUÇÃO EDITORIAL

Aline L.R. de Barros
Jailson Scota
Marcelo Telles
Mirela de Oliveira
Natália França
Otaviano M. Cunha
Priscilla A.F. Alves
Rafael de Oliveira
Samuel Rezende
Vanessa Luz
Verônica M. Guedes

Editoração: Leonardo A.R.T. dos Santos
Diagramação: Sheilandre Desenv. Gráfico
Revisão gráfica: Nilton Braz da Rocha
Capa: WM design
Ilustração de capa: Guto Godoy

ISBN 978-65-571-3022-3

Este livro foi composto e impresso pela Editora Vozes Ltda.

Sumário

Apresentação, 7

Lista de siglas, 10

Introdução, 11

1 O tempo, 13
   Mas o tempo, o que é?, 14
   O tempo como realidade humana, 15
   O tempo de Deus, 17
   O tempo vivenciado e celebrado pela Igreja, 21
   Formação histórica do Ano Litúrgico, 29

2 O Ano Litúrgico, 39
   O calendário, 41
   Ciclo do Natal, 49
   Ciclo da Páscoa, 62
   Tempo Comum, 78

3 A santificação do tempo: a Liturgia das Horas, 91
   A gênese da Liturgia das Horas, 93
   As horas e seus significados, 96
   O caminho histórico da organização da Liturgia das Horas, 98
   O Concílio Vaticano II e a promoção da Liturgia das Horas, 100
   O significado teológico e espiritual da Liturgia das Horas, 107
   A oração da Igreja nos convoca a sermos um só corpo, 110
   O Ofício Divino das Comunidades, 111

4 O tempo litúrgico no ritmo da vida, 114

Santificar o dia por meio da Liturgia das Horas, 114

Celebrar o domingo, Páscoa semanal dos cristãos, 115

Rezar e viver a espiritualidade de cada tempo, 117

Rezar e meditar os textos bíblicos, 117

Espiritualidade, ritos e símbolos de cada tempo, 121

Conclusão, 137

Referências, 139

Apresentação

Bendirei o Senhor em todo
tempo, seu louvor estará
sempre na minha boca (Sl 34).

Este livro é um convite para conhecer o Ano Litúrgico, seu conteúdo teológico, histórico e pastoral e para estimular homens e mulheres de fé interessados na vida litúrgica da Igreja em vista de um compromisso missionário, por meio de uma participação ativa, consciente e frutuosa nas celebrações. Também pode ser lido e entendido fora do círculo das comunidades cristãs, não obstante seu embasamento histórico.

Com o intuito de contribuir para a formação litúrgica das comunidades cristãs e estimular a catequese, diversas pastorais e movimentos, este livro nos instrui para a celebração cristã num mundo que se transforma e nos orienta no itinerário do tempo – o dia, a semana, o mês, o ano, a ordem da natureza. Isso nos faz peregrinos para encontrar, celebrar e amar a Deus a passos lentos, inebriando-nos assim pela presença do Ressuscitado que nos conduz ao coração do seu mistério e nos faz suas testemunhas.

Considerando a experiência dos discípulos de Emaús, a fé que tinham na presença do Ressuscitado que lhes fazia o coração arder, desenvolve a preciosa contribuição bíblico-teológica no que concerne às celebrações no tempo. O caminho consiste precisamente em estar próximo de Deus em Cristo, na profundidade do encontro com Ele, na experiência da verdade que nos abre à luz e nos ajuda a caminhar ao encontro do próximo e celebrar em comunidade a vida e a humilde experiência da fé, todos os dias. Celebra-se no tempo a presença e a ação do Ressuscitado na vida cotidiana. Assim, reconstroem-se novas relações: consigo, com os outros, com a criação e com o Criador.

O sentido litúrgico da celebração do tempo é ajudar os fiéis a se darem conta de que o "vento impetuoso" de Pentecostes ainda está soprando e que Jesus está sempre a ponto de "soprar" sobre os discípulos. No tempo cósmico age o Espírito Santo, que suscita um diálogo maravilhoso dos homens com Deus, seu amigo. Deus entra e age no tempo com a intervenção surpreendente e salvífica, quase se faz parte do nosso tempo com o kairós, mas salvaguardando e respeitando sempre a liberdade e a responsabilidade do homem.

No contexto da pandemia de Covid-19, as comunidades cristãs são colocadas à prova e provocadas a uma nova identidade, mais doméstica, mais laical e capaz do digital. É necessário acolher o que Deus nos pede neste tempo de mudança: uma renovação autêntica de nossa fé. A liturgia tem aqui um papel preponderante porque é especialmente no nível da fé que se deverá operar a mudança, pois passar da prática cultual à existência pascal é converter-se. Assim sendo, com esta obra os autores nos fazem um convite para reinventar a beleza do Ano Litúrgico.

Os autores concebem este livro como um subsídio para a celebração na vida cristã que acontece no tempo e também como um estímulo aos homens e mulheres de fé cujos corações ardem de amor por Jesus Cristo. Ele que inicia a pregação do Evangelho quando "o tempo alcançou a sua plenitude": "depois que João foi preso, Jesus foi para a Galileia, pregando o Evangelho de Deus e dizendo: 'Cumpriu-se o tempo, e está próximo o Reino de Deus. Arrependei-vos e crede no Evangelho'" (Mc 1,14-15).

Gratidão aos autores, Pe. Rodrigo Arnoso, confrade e amigo, que na comunidade formativa do Noviciado Redentorista viveu o seu protagonismo e colaborou ativamente comigo, seu mestre, sendo fiel à graça da vocação recebida de Deus; ao Pe. Thiago Paro, irmão e companheiro das lidas na caminhada litúrgica da Igreja no Brasil e na Comissão Episcopal Pastoral para a Liturgia, com presença qualificada, por oferecerem-me a oportunidade de humildemente poder contribuir nesta publicação para a compreensão do mundo da liturgia.

Dom José Luiz Majella Delgado, CSSR
Arcebispo metropolitano de Pouso Alegre
Comissão Episcopal Pastoral para a Liturgia – CNBB

Lista de siglas

AS	*Admirabile Signum*
CIgC	Catecismo da Igreja Católica
EN	*Evangelii Nuntiandi*
IGLH	Instrução Geral para a Liturgia das Horas
ILM	Introdução ao Lecionário da Missa
LC	*Laudis Canticum*
LG	*Lumen Gentium*
LH	Liturgia das Horas
MR	Missal Romano
Nualc	Normas universais sobre o Ano Litúrgico e o Calendário Romano
PR	Pontifical Romano
SC	*Sacrosanctum Concilium*

Introdução

A Igreja, desde as suas primeiras horas, pouco a pouco foi construindo a sua grande tradição litúrgica. As comunidades primitivas, à medida que foram crescendo em número e na consciência de serem continuadoras de Jesus Ressuscitado, por meio de gestos e preces, sempre buscaram prestar culto ao seu Senhor em espírito e verdade. Os encontros da comunidade para a Fração do Pão sempre foram marcados pela escuta da Palavra do Senhor; que, na vida da Igreja nascente, teve sempre por objetivo iluminar toda a ação missionária da comunidade eclesial que, nascendo do lado aberto do Cristo na cruz, teve desde o princípio a missão de tornar o Reino do Pai conhecido, amado e vivido por todos.

Contemplando a vida missionária da Igreja, podemos afirmar que a sua vida litúrgica sempre exerceu uma função mistagógica. Os cristãos, por meio da liturgia, sempre tiveram a oportunidade de tocar o coração da nossa fé, o Cristo, atualizando assim o seu mistério pascal na Páscoa de nossas vidas.

O mistério pascal é o que celebramos e atualizamos por meio da liturgia. E a Igreja, como mãe, nos oferece um caminho para tal atualização que chamamos de Ano Litúrgico. Nesse ano somos convidados a caminhar com o Cristo, a recordar fatos da sua vida, obra e missão. E, tocados por tudo aquilo que Ele é e fez, nos colocarmos em missão como fizeram os primeiros discípulos e tantos outros que nos transmitiram a fé que hoje professamos e anunciamos ao mundo sedento do *Abbá* anunciado por Jesus. O *Abbá* é nosso paizinho querido, aquele que nos contempla, escuta nossos clamores e, por meio do Filho, vem até nós.

Nas páginas a seguir, apresentamos aos homens e mulheres de fé e àqueles que desejam conhecer o mais profundo da vida litúrgica da Igreja alguns elementos que nos ajudarão a compreender o que é o tempo para os cristãos, o que é o Ano Litúrgico e as formas de celebrá-lo.

O nosso intento, na esteira da *Sacrosanctum Concilium*, é contribuir com a formação das nossas comunidades, células de um novo tempo. Como cristãos, devemos ter uma grande consciência: quando nos reunimos para uma ação litúrgica é sempre Deus que toma a iniciativa de nos convocar. Ele nos reúne em nome do seu Filho e, iluminados pelo seu Espírito, partilhamos de sua Palavra e da mesa do banquete, que nos alimentam, para uma vida missionária ativa, consciente e frutuosa.

Convidamos a todos, ao lerem estas páginas, a fazerem a mesma experiência dos discípulos de Emaús: permitirem que seus corações ardam na presença do Senhor que, por meio do Ano Litúrgico, deseja comunicar-se conosco e nos conduzir ao coração do seu mistério que nos inunda e nos faz suas testemunhas.

Conhecer o que celebramos nos ajuda a nos encantarmos ainda mais pela fé que recebemos pelo Batismo, a proclamar a verdade do Evangelho, com a alegria que inunda os nossos corações, nos fazendo testemunhas vivas daquele que nos veio para trazer uma nova vida, o Cristo Jesus. Ele é o princípio e o fim de nossa fé.

O discípulo de Jesus Cristo nasce de um verdadeiro encontro com Ele. Que o conhecimento e a celebração do Ano Litúrgico, por meio das diversas ações litúrgicas da Igreja, nos proporcionem um verdadeiro encontro com aquele que, assumindo a nossa própria carne, não poupou sequer sua própria vida para que recebêssemos a verdadeira vida.

1
O tempo

Ah, o tempo... Tema de inúmeras músicas, poemas e reflexões. Definido e conceituado de diversas maneiras e razão de longos questionamentos... Santo Agostinho em suas *Confissões* se pergunta: "O que é o tempo? Se ninguém me faz essa pergunta, eu o sei, mas se procuro explicá-lo a quem me pergunta, não o sei" (XI, 17).

O tempo é uma das coisas mais difíceis de explicar e compreender e, ao mesmo instante, inevitável de experimentar. A palavra "tempo" pode ter uma gama de significados dependendo do contexto em que é utilizada:

• Pode determinar a duração das coisas, os momentos, os períodos conforme os calendários e relógios, marcando as épocas, os séculos, os meses e dias da semana, as horas, os minutos.

• Pode expressar uma realidade meteorológica, como definição do clima e das estações do ano. Quem nunca ouviu alguém dizer que o tempo estava fechando para indicar ameaça de chuva?

• Quando inserida na expressão "a tempo", significa que o fato está acontecendo na ocasião certa, no momento oportuno.

• Na música, o "tempo musical" indica partes, ritmos e compassos de uma música em execução.

• Na gramática, o "tempo verbal" se refere à conjugação dos verbos (passado, presente ou futuro).

• No dia a dia, pode-se "perder tempo", "ter tempo", "matar tempo", "no meu tempo", "dar um tempo" ou "pedir um tempo".

Mas o tempo, o que é?

Decerto, o tempo não é definido, medido e marcado pelos calendários e relógios. Isso é resultado da observação do movimento do universo, e de cálculos matemáticos. Não é universal, mas sim construção histórica. Significa em princípio, "medir" o tempo, registrando coincidências... O dia e a noite, as fases da lua, a posição de outros astros, a variação das marés, o crescimento das colheitas... O tempo, enquanto baseado no movimento do universo, se chama tempo cósmico.

Há também o tempo histórico, que tende a ser parcial e censurado, por refletir as ações humanas, e ainda, e talvez o mais complexo, o tempo existencial, interno ou existente no interior de cada ser humano como realidade experimentada e vivida.

Na mitologia grega

Em grego existem duas palavras que expressam o tempo: *chronos* e *kairós*, cujos significados só podem ser compreendidos a partir do mito em que elas surgiram.

Chronos era o deus do tempo, e governava o céu após ter destronado o seu pai Urano, deus do céu. Como senhor do tempo, era conhecido por devorar todos os seus filhos assim que nasciam, pois temia uma profecia que dizia que um deles lhe roubaria o trono. De acordo com a mitologia, Chronos não queria que ninguém o sucedesse. O mito ilustra e revela o sentimento da humanidade, que experimentava a ação implacável do tempo: **devora ao mesmo tempo em que gera**. É o tempo cronológico e físico, como os dias, horas e minutos, representado pelos calendários e relógios.

Kairós é o deus do "tempo oportuno", considerado filho menor de Zeus, deus do trovão, e da deusa da prosperidade, Tyche. Ao contrário de Chronos, expressava uma ideia considerada metafórica do tempo, ou seja, um tempo não absoluto, contínuo ou linear, e que não se pode determinar ou medir, uma oportunidade ou mesmo a ocasião certa para determinada coisa.

Kairós era representado por um jovem atleta que nunca se preocupava com relógios e que sempre estava nu, tendo quatro asas, sendo duas nos tornozelos e duas nos ombros, sinal da sua velocidade. Em uma das mãos tinha uma balança, símbolo da justiça e do equilíbrio: embora veloz, nunca ultrapassava a medida. Tinha ainda somente um cacho de cabelo na testa. Só podia ser pego se agarrado por esse cacho; tendo passado seria impossível segui-lo ou trazê-lo de volta, pois, não tendo cabelos na nuca, não se podia puxá-lo.

Kairós é símbolo da ideia de tempo momentâneo, de uma oportunidade ou um período específico para a realização de determinada atividade, revela o momento certo para a coisa certa. Representa ainda o aspecto qualitativo do tempo, não reflete o passado ou antecede o futuro, é o melhor instante no presente.

No cristianismo, os termos *kairós* e *chronos* são antagônicos no sentido de um significar o "tempo de Deus" e o outro o "tempo da humanidade".

O tempo como realidade humana

O tempo é uma realidade humana, pois nada se faz fora dele. Nele nascemos e crescemos, construímos e destruímos, amamos e odiamos, choramos e nos alegramos, perdoamos e somos perdoados, experimentamos, sentimos, amadurecemos e nele morremos. Nesse sentido, pode-se dizer que, do ponto de vista natural, a humanidade é dominada pelo tempo (*chronos*).

O tempo do qual somos dominados é sempre o mesmo, é neutro. Porém a experiência que nele fazemos não é a mesma. O tempo pode ser bom ou ruim, pode passar rápido demais ou demorar uma eternidade... Na fila de espera para ser atendido no consultório médico ou na fila de um banco, por exemplo, o tempo não passa, é entediante. Já em uma festa, acompanhado de amigos ou de férias na beira da praia, o tempo "voa", nem vemos a hora passar. O tempo, do ponto de vista cósmico, é sempre o mesmo. No calendário não há distinção de dias e meses, e no relógio todas as horas são iguais... Mas, de acordo com o que estamos fazendo, ele pode ser "sentido" ou vivido de formas diferentes.

O tempo visto simplesmente em sua ótica cronológica pode ser frustrante. Pois diariamente ameaça a sempre voltar a fazer sempre a mesma coisa, cumprindo um ciclo: Todos os dias nascem e morrem pessoas... Todos os dias ao amanhecer tem gente saindo de suas casas para trabalhar e retornando no final do dia... Todos os dias há pessoas descobrindo uma doença e outras concluindo um tratamento... Hoje é segunda-feira, amanhã é terça. Logo é sexta-feira. E, quando nos damos conta, já estamos celebrando o Natal, e já pensando o que fazer no feriado de carnaval...

O liturgista Guillermo Rosas (2011, p. 382) assim se expressa sobre o tempo: "Ninguém pode parar o tempo, ninguém pode reduzi-lo ou ampliá-lo de modo objetivo: é como um rio no qual a humanidade navega e que, junto ao espaço, constitui uma experiência categorial básica de todo ser humano e de toda a cultura".

É uma concepção do tempo: ano após ano repete o mesmo ritmo e nos envelhece. Não importa o que façamos, os cabelos brancos e as rugas aparecerão. A busca da eterna juventude, por exemplo, é uma demonstração da frustração da luta contra o tempo. Ou seja, nós somos dominados pelo tempo. Não importa o tanto de creme e de cirurgias plásticas, com o tempo os sinais da idade surgirão... Nesse sentido, a história do mundo e da humanidade é vazia. É uma história sem esperança porque não caminha para nada, apenas participamos de um repetir-se contínuo. E isso é frustrante! Talvez esse seja o motivo de tantas pessoas doentes, com depressão: Terem descoberto que a vida nada mais é que um suceder de acontecimentos, que nos envelhece e não nos leva a nada. As pessoas não veem mais sentido para a vida!

Mas é evidente que, para nós cristãos, essa não é a concepção do tempo. Para nós o tempo tem outro significado.

O tempo de Deus

Os cristãos não se conformam com essa visão cíclica e de dominação do tempo. Para nós o tempo é momento oportuno em que Deus age e se manifesta para salvar a humanidade e, ao mesmo tempo, oportunidade que Deus nos oferece para encontrá-lo. É muito mais do que um tempo cronológico, é *kairótico*, tempo de graça e salvação.

De origem grega como já vimos, *kairós* significa "momento certo" ou "oportuno". É o "tempo espiritual" ou "o tempo de Deus", é o momento em que, dentro do tempo da humanidade (*chronos*), o Divino se faz presente e se manifesta. Trata-se de uma ocasião marcante que não pode ser medida cronologicamente, por ser um tempo de graça. O momento kairótico é aquele que resgata todo o passado, projeta o futuro e dá sentido ao presente.

É o irromper de Deus no tempo chamado história. Desde a criação do mundo, Deus se manifesta à humanidade e, gradativamente, se revela. E assim, a humanidade, em cada época, experimenta Deus de uma forma e o compreende de maneiras diferentes:

- como um Deus criador (cf. Gn 1,27);
- como um Deus que castiga (cf. Gn 4,13);
- como um Deus que faz aliança (cf. Gn 9,8);
- como um Deus que chama e convoca (cf. Gn 12,1);
- como um Deus que nos põe à prova (cf. Gn 22,1);
- como um Deus providente (cf. Gn 22,8);
- como um Deus misericordioso (cf. Gn 32,29).

Esses são apenas alguns exemplos retirados do primeiro livro da Bíblia, mas não só; todo o Antigo Testamento torna-se testemunha da experiência que a humanidade faz de Deus, de como o homem e a mulher se relacionam com Ele e de como o veem.

O tempo kairótico fica claro quando meditamos, por exemplo, a passagem da libertação do povo hebreu da escravidão dos egípcios (cf. Ex 13,17–15,21). Em determinado momento, o povo hebreu se vê encurralado entre o mar e o exército do faraó que o perseguia. E o que fazer? Humanamente quais eram as opções que tinham? Provavelmente se entregarem e voltarem à escravidão, ou lutarem e morrerem ou ainda se jogarem no mar e morrerem afogados... Do ponto de vista do *chronos*, do tempo dos homens, eles não tinham saída. Moisés então clama por Deus, que responde: "Dize aos israelitas que se ponham em marcha. Quanto a ti, ergue a tua vara, estende a mão sobre o mar e divide-o, para que os israelitas passem em seco pelo meio do mar" (Ex 14,15b-16). Onde humanamente não havia o que fazer, Deus intervém no *chronos* e faz nascer um tempo oportuno, um tempo de graça e libertação para o povo hebreu. É um *kairós* de Deus que o povo experimenta ao atravessar o mar a pé enxuto.

Também ao refletirmos sobre o sacrifício de Isaac (cf. Gn 22,1-19), podemos observar o *kairós* de Deus manifestado. Isaac, preso pelo pai que eleva a faca para imolá-lo... Humanamente Isaac não tinha saída, ele seria morto. Mas Deus intervém do alto céu, e envia o seu anjo que grita: "Abraão, Abraão! [...] Não estendas a mão contra o menino e não lhe faça mal algum" (Ex 22,11-12). É um verdadeiro *kairós*. Deus resgata Isaac da morte e ambos, pai e filho, podem experimentar a manifestação do tempo de Deus em suas vidas.

Até que no tempo oportuno Deus se manifesta e se revela plenamente na história como Deus Amor, e cumpre a sua promessa de resgatar a humanidade e de salvá-la. No tempo certo, Deus envia seu Filho único ao mundo, Jesus Cristo, fazendo com que o tempo dos homens fosse invadido pelo Tempo de Deus. O *kairós* torna-se a manifestação de Deus no *chronos*, santificando-o e dando uma nova chance à humanidade. Em Jesus Cristo, Deus dá sentido ao tempo cronológico e o transforma em momento oportuno, momento certo para se encontrar com a humanidade para santificá-la e salvá-la.

No Livro do Eclesiastes pode-se ler: "Debaixo do céu há momento para tudo, e tempo certo para cada coisa debaixo do céu". Se recorrermos ao original grego, poderemos ler: "Debaixo do céu há o seu *chronos* determinado, e há um *kairós* para cada coisa debaixo do céu" (Ecl 3,1). Ou seja, existe um tempo cronológico dentro do qual vivemos, e dentro dele um momento oportuno em que Deus age, e se cumpra os seus propósitos em nossa vida. Podemos dizer que essa é uma característica da teologia judaico-cristã, o fato de que Deus entrou na história da humanidade.

É disso que nos fala o último profeta do Antigo Testamento, João Batista, ao pregar o Evangelho e a conversão: "Completou-se o tempo, e o Reino de Deus está próximo. Convertei-vos e crede no Evangelho" (Mc 1,15). João nos exorta que o Reino de Deus está sendo manifestado, que o tempo se cumpriu, e devemos aproveitar ao máximo o tempo que ainda temos.

É no cumprimento desse tempo, que preparou a vinda do messias, que Maria recebe a visita do anjo e o anúncio de que seria a mãe do Salvador. Maria é a jovem mulher atenta aos sinais do tempo; ela conhecia as Escrituras e estava pronta para que o *kairós* de Deus se cumprisse em sua vida. Diante de todos os riscos e consequências, inclusive de ser acusada de adultério e ser apedrejada, conforme ordenava a Lei, ela apenas confia e diz o seu sim. E, no *chronos*, Maria entoa o cântico que revela o *kairós* de Deus em sua vida:

> A minha alma engrandece o Senhor [1Sm 2,1-10],
> e meu espírito se alegra em Deus, meu Salvador,
> porque Ele olhou para a humildade de sua serva [1Sm 1,11].
> Todas as gerações, de agora em diante,
> me chamarão feliz,
> porque o Poderoso fez para mim coisas grandiosas.
> O seu nome é santo [Sl 111,9],
> e sua misericórdia se estende de geração em geração
> sobre aqueles que o temem [Sl 103,13.17].

Ele mostrou a força de seu braço:
dispersou os que têm planos orgulhosos no coração [Sl 89,11].
Derrubou os poderosos de seus tronos
e exaltou os humildes [Jó 5,11].
Encheu de bens os famintos,
e mandou embora os ricos de mãos vazias [1Sm 2,5; Sl 107,9].
Acolheu Israel, seu servo,
lembrando-se de sua misericórdia [Sl 98,3; Is 41,8]
conforme prometera a nossos pais,
em favor de Abraão e de sua descendência, para sempre [Mq 7,20; Gn 17,7; 22,17] (Lc 1,46-55).

O belíssimo *Magnificat* entoado por Maria revela sua profunda compreensão da Sagrada Escritura e da promessa do Senhor. Da mesma forma, o justo José acolhe os desígnios de Deus em sua vida e aceita ser o pai adotivo de Jesus. E assim Paulo testemunha o tempo kairótico, profetizado por Isaías e inaugurado pela encarnação do Filho de Deus: "No tempo propício eu te escutei e no dia da salvação eu te ajudei. *Este é o tempo propício, este é o dia da salvação*" (1Cor 6,2).

Jesus se torna a revelação plena e máxima de Deus, e a humanidade pode fazer a experiência desse Deus que ama de maneira incondicional e gratuita. É o ágape de Deus (amor gratuito) que agora vivemos e experimentamos, é o tempo oportuno que Deus preparou para nós e para dele nos aproximarmos e recebermos a salvação. A nós cabe compreendermos que, com a encarnação, paixão, morte e ressurreição de Jesus e seu iminente retorno, vivemos um novo tempo (kairótico), no qual precisamos dele fazer a escolha, participarmos e vivermos.

São Paulo chama esse plano divino de salvação, que tem o seu ápice em Jesus Cristo, de *mistério* (cf. 1Cor 2,1; Cl 1,27.2,2), que não significa algo escondido e incompreensível, mas o plano oculto de Deus que é manifestado e revelado por Jesus, o messias. Ou seja, algo que é desvelado e compreendido aos poucos, à medida que dele se faz experiência.

Mas há uma coisa, caríssimos, de que não deveis esquecer: **um dia diante do Senhor é como mil anos, e mil anos com um dia.** O Senhor não retarda o cumprimento de sua promessa como alguns pensam, mas usa de paciência para conosco. Não deseja que alguém pereça. Ao contrário, quer que todos se arrependam (2Pd 3,8-9).

Nessa dinâmica, faz-se presente a todo o tempo a ação do Espírito Santo, presente desde a criação do mundo. No *kairós*, o tempo de Deus Trindade, manifesta-se o "tempo do Espírito", quando na ascensão, Jesus antes de voltar para junto do Pai, nos promete o paráclito: "Eu vos mandarei aquele que o Pai prometeu" (Lc 24,49). Em Pentecostes, a promessa se cumpre e o Espírito Santo é derramado abundantemente (cf. At 2,1-36). "A partir dessa hora, a missão de Cristo e do Espírito passa a ser a missão da Igreja: 'Como o Pai me enviou, também eu vos envio' (Jo 20,21)" (CIgC 750).

O tempo vivenciado e celebrado pela Igreja

A Igreja, sendo uma realidade divina, porém inserida no mundo e na sociedade, nos convida a vivenciar o tempo de Deus e experimentar o mistério da salvação realizado por Jesus Cristo. Por isso, guiada pelo Espírito Santo no decorrer dos séculos, a Igreja se organizou para que os fiéis celebrassem e vivessem da melhor maneira sua fé, criando seu próprio calendário chamado de Ano Litúrgico com celebrações de caráter pedagógico e mistagógico. A Igreja vai formando seus fiéis em discípulos de Cristo (pedagógico) e ao mesmo tempo os introduz, de modo consciente, a participar ativamente no mistério celebrado (mistagogia). O Ano Litúrgico, portanto, é uma maneira que a Igreja oferece à assembleia dos batizados de experimentar e vivenciar o *kairós* de Deus em seu *chronos*.

Desse modo, o calendário da Igreja não coincide com o calendário civil e nem segue a sua lógica. Podemos dizer, portanto, que o calendário civil é o nosso *chronos*, tempo em que experimentamos as fadigas e lutas da vida, que nos frustram e desanimam na maioria das vezes. E o *kairós* é vivenciado pelo calendário litúrgico, por meio do qual a Igreja nos oportuniza momentos de parar, de sair da rotina e de nos encontrar com Deus e experimentar o seu mistério de amor e salvação.

Assim, a cada celebração litúrgica, irrompemos o *chronos*, de maneira ritual (por meio de ritos e símbolos), e entramos no *kairós*, no tempo de Deus, onde mil anos são como um dia e um dia como mil anos (cf. 2Pd 3,8). Na sagrada liturgia, experimentamos por excelência o tempo de Deus, celebrando o mistério da nossa fé, que não é só acreditar na presença real de Jesus nas espécies eucarísticas (pão e vinho). É isso também, mas é muito mais: consiste em celebrar o mistério da nossa salvação, da paixão, morte e ressurreição de Jesus. Isso fica bem expresso após a narrativa da instituição da Eucaristia, na prece eucarística, quando quem preside diz: "Eis o mistério da fé", e toda a assembleia celebrante responde: "Anunciamos, Senhor, a vossa morte e proclamamos a vossa ressurreição, vinde, Senhor Jesus!"

É este o mistério de nossa fé: a certeza de que, ao entrarmos celebrativamente no tempo de Deus, estaremos aos pés da Cruz do Senhor, no hoje e no agora diante do túmulo vazio e recebendo o anúncio do anjo – "Ele não está aqui, ressuscitou" (cf. Lc 5,6). É experimentar e vivenciar a antecipação do céu. Não dizemos que o céu começa aqui? E começa! Na celebração da Fração do Pão, reunidos ao redor do altar, fazemos a experiência da transfiguração. A mesma transfiguração vivida por Pedro, Tiago e João no Monte Tabor acontece no hoje de nossa história (cf. Lc 9,28-36).

Assim explicita o Catecismo da Igreja Católica:

> Quando se celebra o mistério de Cristo, há uma palavra que marca a oração da Igreja: *hoje!*, fazendo eco à oração que seu Senhor lhe ensinou e o apelo do Espírito Santo. Esse "hoje" do Deus vivo em que o homem é chamado a entrar é "a hora" da Páscoa de Jesus que atravessa e leva toda a história (n. 1165).

A transfiguração no relato bíblico acontece depois de Jesus falar da missão dos apóstolos e do primeiro anúncio de sua paixão. Ele os prepara para o que iria acontecer depois de sua última ceia, que deveria sofrer, ser rejeitado e preso, e que morreria e ressuscitaria no terceiro dia. Após o anúncio da paixão, Jesus percebe que os discípulos entram em crise, pois a maioria deles, para não dizer todos, buscava um reino humano, de *status* e privilégios; prova disso é a constante discussão de quem seria o maior, de quem sentaria à direita e à esquerda (cf. Lc 9,48-49; Mt 18,1-5; Mc 9,33-37). Diante da crise dos discípulos, que não compreendem muito bem as palavras do Mestre e o Reino que Ele oferece, Jesus, chamando Pedro, João e Tiago, subiu ao monte para orar e, enquanto rezava, "o seu rosto mudou de aparência, e suas vestes ficaram brancas e resplandecentes" (Lc 9,29). Com a transfiguração, Jesus antecipa aos discípulos, e os faz experimentar o céu, revelando-lhes o Reino prometido. Ele os faz perceber que valeria a pena assumir a cruz e a morte, para alcançar a ressurreição. A experiência é tão grande e profunda que Pedro não quer mais descer, quer armar três tendas e ficar ali. Jesus, porém, desce com eles o monte e continua o caminho.

Na liturgia, fazemos essa experiência da transfiguração. Durante a semana, abraçamos as cruzes e desafios, lutamos para continuar no caminho. Quando estamos desanimando, exaustos, a Igreja nos convida a subir o monte e lá experimentarmos o céu, a provarmos o que nos aguarda no terminarmos nossa peregrinação terrestre. Assim, pela liturgia, a Igreja cumpre o mandato de Jesus: "fazei isto em memória de mim" (Lc 22,19). "Não se trata de uma simples recordação, mas de uma atualização. Por meio da ação memorial, o passado é trazido para o hoje da celebração litúrgica e o futuro, a vinda gloriosa de Cristo, torna-se presente e antecipado na ação ritual" (PARO, 2017, p. 42); e o espaço litúrgico, a igreja, se torna o ícone da montanha à qual subimos e vivenciamos essa transfiguração por meio da ação ritual.

> Assim, a liturgia por nós celebrada não é recordação da última ceia; mas, por meio dos ritos instituídos nela, faz memória da Páscoa de Cristo, da sua passagem da morte para a vida, da nossa libertação pelo seu sangue derramado na cruz. É esse o mistério da fé celebrado e atualizado em cada celebração eucarística. Pela celebração dominical e cotidiana da Eucaristia, fazemos memória do evento fundante de nossa salvação: a morte e ressurreição de Jesus (PARO, 2017, p. 43).

Desse modo, dizemos que o céu começa aqui na terra. Mas quando? Sem dúvida quando celebramos os sacramentos, e por excelência a Eucaristia. Em cada celebração fica visível a manifestação do *kairós*, onde a Igreja militante sobe e a Igreja triunfante, dos anjos e santos, desce e formamos uma só assembleia, a do céu e a da terra. Ao final do prefácio quem preside expressa exatamente isso: "os anjos do céu, as mulheres e os homens da terra, unidos a todas as criaturas, proclamamos jubilosos vossa glória, cantando a uma só voz: Santo, Santo, Santo..." (MR, p. 450).

Assim, de maneira ritual o tempo de Deus rompe o tempo dos homens e experimentamos o céu. A visão de João do final dos tempos acontece aos nossos olhos, e somos nós que, na transfiguração, somos a multidão que está diante do trono e do Cordeiro: "vi uma multidão que ninguém podia contar, de todas as nações, tribos, povos e línguas. Estavam de pé diante do trono e do Cordeiro, usavam vestes brancas e traziam palmas nas mãos" (Ap 7,9). De maneira ritual, o céu se abre e se revela a nós. Saímos do caos e entramos no cosmo, num microcosmo redimido, organizado, perfeito: *o céu*.

Sim, ao celebrar a Eucaristia, no *kairós* de Deus, experimentamos o céu, a Jerusalém celeste, e somos nós essa multidão vestida de branco, assembleia dos batizados que trazem a veste batismal, lavada e alvejada pelo sangue do Cordeiro (cf. Ap 7,14). O altar da celebração é o trono, e o Cordeiro, o próprio Cristo, presente nas espécies eucarísticas: "Eis o Cordeiro de Deus que tira o pecado do mundo". Desse modo,

> partindo do Tríduo Pascal, como de sua fonte de luz, o tempo novo da ressurreição enche todo o Ano Litúrgico com sua claridade. Aproximando-se progressivamente de ambas as vertentes dessa fonte, o ano é transfigurado pela liturgia. É realmente "ano de graça do Senhor". A economia da salvação está em ação na moldura do tempo, mas, desde a sua realização na Páscoa de Jesus e a efusão do Espírito Santo, o fim da história é antecipado "em antegozo", e o Reino de Deus penetra nosso tempo (CIgC, 1168).

A liturgia dá sentido ao tempo que, para muitos, pode ser um suceder de dias, horas e minutos (cronológico), mas que, para nós cristãos, é um tempo favorável (kairótico), é tempo de graça em que a Igreja, corpo místico de Cristo, faz memória de sua salvação e se encontra com Deus. Sendo assim, todo o fundamento e base para o Ano Litúrgico se encontra no mistério da Páscoa de Jesus. A paixão, morte e ressurreição de Jesus é a fonte de todo o calendário.

Nesse sentido, como afirma Augusto Bergamini, "o Ano Litúrgico não é uma ideia, mas uma pessoa, Jesus Cristo, e o seu mistério realizado no tempo e que hoje a Igreja celebra sacramentalmente como **memória, presença e profecia**" (1992, p. 58). Como memória, porque atualiza no hoje da história o evento salvífico de Cristo, cumprindo o mandato deixado por Ele. Na noite da Páscoa, Jesus sendo judeu e estando reunido com seus discípulos para celebrar a Páscoa judaica, que celebrava memorialmente a libertação do Egito, lhe atribui um novo sentido, a libertação total da humanidade da morte do pecado. Jesus anuncia sua entrega total, na qual seu sangue é derramado sobre toda a humanidade, marcando-a e libertando-a da morte. No rito que Jesus celebra, Ele deixa o mandato memorial: "Fazei isto em memória de mim" (Lc 22,19). A morte e a ressurreição de Jesus, que aconteceram uma única vez, se tornam presentes para nós cristãos pela celebração litúrgica, como expresso pela assembleia reunida durante o rito:

> Todas as vezes que comemos deste pão e bebemos deste cálice, anunciamos, Senhor, a vossa morte, enquanto esperamos a vossa vinda!

Não se trata de uma simples recordação, mas sim de uma atualização. Por meio da ação memorial, o passado é trazido para o hoje da celebração litúrgica e o futuro, a vinda gloriosa de Cristo, torna-se presente e antecipado na ação ritual. Assim, o mistério de nossa salvação celebrado no Ano Litúrgico se torna presença de Cristo em nosso meio, em nossas dores e conquistas pessoais e comunitárias: "Porque onde dois ou três estiverem reunidos em meu nome, eu estarei ali no meio deles" (Mt 18,20).

Ao celebrar os mistérios da nossa salvação, nós nos enchemos de Deus, sentimos sua presença e o experimentamos. Estando repletos dessa Luz, não podemos retê-la ou guardá-la só para nós, é preciso irradiá-la com o nosso testemunho profético, denunciando tudo que vá contra o projeto de amor de Deus por nós. Como João Batista, somos chamados hoje a preparar os caminhos do Senhor, para sua nova vinda (cf. Mc 1,1-8).

Dessa maneira, o calendário não é circular (círculo fechado), mas uma espiral ascendente, na qual, a cada ano, a Igreja celebra o mistério da nossa salvação, "nos seus diversos aspectos, não para

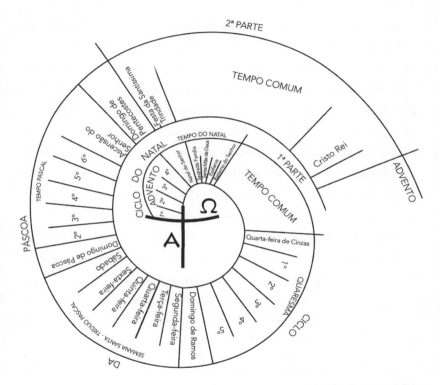

Ilustração: Alexandre Maranhão

repetir, mas para crescer até a manifestação gloriosa do Senhor com todos os eleitos" (BERGAMINI, 1992, p. 61). Ou seja, apesar de todos os anos o calendário litúrgico se repetir, nós não somos os mesmos, amadurecemos, mudamos. A cada Ano Litúrgico, a cada celebração ouvindo a Palavra de Deus, rezando em comunidade, meditando os mistérios da nossa salvação e comungando do Corpo e Sangue do Senhor, nós nos tornamos melhores e subimos um degrau. Não é mais um Ano Litúrgico, não é celebrar de novo mais um Advento ou Natal, Quaresma ou Páscoa. São tempos únicos que não se repetem simplesmente, pois somos novas pessoas a cada ciclo do Ano Litúrgico e, a cada celebração, somos levados para o alto, para o céu. Somos preparados e conduzidos à Jerusalém celeste. Assim, o calendário da Igreja não é um círculo fechado, mas uma espiral, cujo fundamento é Cristo. Ano após ano, subimos um degrau, até a celebração definitiva junto do Pai, no reino preparado para cada um de nós.

Desta maneira, a repetição nos faz a cada ano celebrado compreender aspectos diferentes do mistério da salvação que celebramos. A cada novo ano, temos a oportunidade de beber dessa fonte inesgotável que é o Ano Litúrgico. Dom Odo Casel, monge beneditino, assim escreve:

> Se perdemos alguma coisa durante o ano em curso, esforcemo-nos para preencher as lacunas. Se, ao contrário, fomos fiéis, vivendo tudo o que o ciclo nos apresentou, é preciso aprofundar mais essa vida adquirida, fazê-la nossa cada vez mais. Como a estrada que serpenteia ao redor da montanha e assim lentamente a escala em ziguezague até atingir o cume escarpado, assim nós, voltamos a cada ano, devemos recomeçar o mesmo caminho sempre em uma altitude mais elevada até que alcancemos finalmente, Cristo (CASEL, 2011, p. 85).

Conhecer a espiritualidade de cada tempo litúrgico, meditar cada leitura e oração proposta pela liturgia, sem dúvida, nos fará experimentar o tempo de Deus, nos preparando e nos levando cada vez mais para o alto, para a pátria celeste. O Ano Litúrgico, portanto, é um poderoso instrumento oferecido pela Igreja que deve ser conhecido e valorizado.

Formação histórica do Ano Litúrgico

O Ano Litúrgico, da maneira como o conhecemos, é resultado de vários séculos de história do cristianismo. Ao longo do tempo e de acordo com a vivência da fé de comunidades de diversas regiões, os cristãos foram incorporando datas, festas e solenidades com significados diferentes e, aos poucos, foram estruturando o calendário eclesiástico que hoje utilizamos. Dessa forma, "o Ano Litúrgico, como toda celebração da Igreja, foi antes vivido e posteriormente conceitualizado e nomeado" (ROSAS, 2007, p. 17).

Nas primeiras décadas do cristianismo, o domingo é a única festa de que se encontra registro, e é o único dia a que a sagrada escritura faz várias referências:

No primeiro dia da semana, estavam reunidos para partir o pão (At 20,7).

Quanto à coleta em favor dos santos, fazei o mesmo que ordenei à Igreja da Galácia. No primeiro dia da semana, ponha cada um de parte em sua casa o que bem lhe parecer... (1Cor 16,1-2).

Eu, João, vosso irmão e companheiro na aflição, no reino e na perseverança em Jesus, estava na Ilha de Patmos por causa da Palavra de Deus e do testemunho de Jesus. No dia do Senhor fui arrebatado em espírito e ouvi atrás de mim uma voz forte, como de trombeta... (Ap 1,9-10).

O domingo é o dia por excelência da celebração do dia do Senhor, é a celebração da Páscoa semanal. A comunidade dos fiéis se reunia no primeiro dia da semana para a Fração do Pão, para comer e beber da Ceia do Senhor. A *Didaqué*, tida como o catecismo dos primeiros cristãos, datada provavelmente entre os anos 90 e 100 d.c., testifica: "Reuni-vos no dia do Senhor para a Fração do Pão e agradecei (celebrai a Eucaristia), depois de haverdes confessado vossos pecados, para que vosso sacrifício seja puro" (14,1). São Justino ainda escreve sobre o domingo:

> No dia chamado do sol, celebra-se uma reunião de todos os que habitam as cidades e os campos... E celebramos essa reunião geral no dia do Sol por ser o primeiro dia no qual Deus, transformando as trevas e a matéria, fez o mundo, o dia também em que Jesus Cristo, nosso Salvador, ressuscitou dentre os mortos (*Apologia* I, 67).

Diante disso, pode-se afirmar que a paixão, morte e ressurreição de Jesus, no primeiro período da Igreja, foi o núcleo e centro vital de toda a pregação e da celebração das primeiras comunidades. Celebravam a cada domingo o "mistério" de Cristo, não os mistérios. Nessa mesma perspectiva, no final do século II se encontra relato de um grande domingo, como celebração anual da Páscoa, que posteriormente foi enriquecido com a instituição do Tríduo Pascal e mais tarde ampliado com um período de cinquenta dias, como um prolongamento da Páscoa que culminava com o Pentecostes. Portanto, até o século III, a Igreja celebrava "todo" o mistério, como um conjunto único. Somente depois, começou-se a dividir e celebrar separadamente os momentos que constituem a história da salvação.

Assim, depois do século IV, surgiu a necessidade de reviver e contemplar os diferentes momentos do drama da Paixão de Jesus, dando origem à formação da Semana Santa. E, com o período de preparação e penitência dos que receberiam o Batismo na Vigília Pascal, isto é, dos catecúmenos, nasceu a Quaresma, inspirada na simbologia bíblica dos quarenta dias em que Jesus foi tentado no deserto (cf. Lc 4,1-13). Esse tempo, inicialmente pensado para a preparação, purificação e iluminação dos catecúmenos, posteriormente foi estendido a toda a Igreja, como um grande retiro de preparação para a Páscoa. Ainda no século IV, nasceu o Ciclo do Natal, com as celebrações do Natal e da Epifania. Provavelmente, já no século III, já se celebrava no Oriente, no dia 6 de janeiro, a Epifania, como festa tanto do nascimento quanto do Batismo de Jesus. Mais tarde foi assumida pelas comunidades do Ocidente, destacando a adoração dos magos (cf. Mt 2,1-12). Em Roma, nasceu a Festa do Natal como meio de distanciar os fiéis da idolatria do paganismo que celebrava o "Sol Invicto". A celebração do deus sol, cultuado pelo Império Romano, tornou-se oficial pelo Imperador Aureliano em 25 de dezembro de 274 d.C. (durante o solstício de inverno). O Natal, portanto, se tornou a primeira festa tipicamente romana, fixada no dia 25 de dezembro, como festa do nascimento de Cristo, o Sol que nos veio visitar (cf. Lc 1,78). Assim, com a celebração do Natal se afirmava o mistério da encarnação de Jesus. Para criar certa unidade com o Ciclo da Páscoa, no final do século IV, constituiu-se um tempo de preparação para o Natal, denominado Advento. Inicialmente, variava de quatro a seis semanas, sendo fixado em quatro semanas, a partir dos séculos VIII e IX.

As solenidades do Natal e da Páscoa foram ainda enriquecidas com um período chamado de "oitava", palavra de origem latina, "*octava*", que significa oitavo, com o subentendido "*dies*", designando um período de oito dias em que se prolongam as celebrações do Natal e da Páscoa. Assim, o oitavo dia sempre caía no mesmo dia da semana que a solenidade aconteceu. A prática pode ter tido suas origens nas celebrações judaicas das festas dos Tabernáculos e da Dedicação do Templo de Jerusalém que duravam oito dias.

No cristianismo, o número oito faz referência à ressurreição, assumindo o simbolismo do oitavo dia, o dia da nova criação, o domingo, dia da ressurreição do Senhor. Por essa razão, antigas fontes batismais tinham formas octogonais, com oito lados, como pode ser visto no batistério da antiga Basílica de Santa Tecla, em Milão, do final do século IV. O costume das oitavas foi introduzido pela primeira vez por Constantino I, por ocasião da festa de dedicação das basílicas de Jerusalém e Tiro, que duraram oito dias. Do século IV ao VIII, várias festas litúrgicas anuais passaram vagarosamente a ser celebradas na forma de oitavas: As primeiras foram Páscoa, Pentecostes e a Epifania, depois vieram Natal, as festas de dedicação de igrejas e dos santos. A princípio os cristãos observaram as oitavas com uma celebração no oitavo dia, com poucas liturgias durante os dias intermediários.

O Papa Pio V, após 1568, reduziu o número de oitavas, apesar de permanecerem ainda numerosas e com celebrações próprias para todos os oito dias intermediários, além do oitavo. Em 1955, o Papa Pio XII simplificou o calendário litúrgico deixando apenas três oitavas: Natal, Páscoa e Pentecostes. Com a reforma litúrgica pedida pelo Concílio Vaticano II, a oitava de Pentecostes também foi suprimida, permanecendo apenas as oitavas do Natal e da Páscoa como veremos no próximo capítulo.

Antiquíssimo também é o culto aos mártires. Este surgiu ainda no século IV, numa visão unitária ao mistério pascal, para venerar os que tinham dado a vida por Cristo, e que mais tarde deu origem ao Santoral, livro litúrgico que elenca o nome dos santos e a data de sua memória. Por volta do século VI, sobretudo depois do Concílio de Éfeso (431), surgiu o culto a Maria com a celebração de sua divina maternidade.

O restante do Ano Litúrgico recebeu diversos nomes: "Cotidiano", "Tempo depois da Epifania", "Tempo depois de Pentecostes" e, no pós-Concílio Vaticano II, Tempo Comum. Pode-se dizer que é o tempo mais primitivo do Ano Litúrgico, tendo em vista que na Igreja dos primeiros séculos o domingo era a única festa. Com o enriquecimento do Ano Litúrgico com os diversos ciclos e celebrações específicas, o Tempo Comum no século VI já possuía uma estrutura dividida em duas partes como hoje conhecemos: a primeira entre o final do Tempo do Natal e o início da Quaresma; a segunda se inicia no final do Tempo Pascal e se prolonga até o início do Advento, não celebrando nenhum mistério de Cristo em particular, cujo centro é o Cristo todo, com ênfase e destaque no domingo.

> Por essa breve síntese, devemos concluir que o Ano Litúrgico não se formou historicamente com base em um plano orgânico, mas que se "desenvolveu" e "cresceu" de acordo com critérios de vida da Igreja, relacionados com a riqueza intrínseca do mistério de Cristo, com as múltiplas situações históricas e consequentes exigências pastorais (BERGAMINI, 1992, p. 59).

O Ano Litúrgico, portanto, foi constituído com base na história da salvação, tendo como centro e fundamento a Páscoa de Cristo, sua paixão, morte e ressurreição. Porém, no segundo milênio da fé cristã, por inúmeros acontecimentos, houve um deslocamento de eixo e a celebração e vivência do Ano Litúrgico foi perdendo sua identidade e se reduziu a uma visão piedosa e sacramentalista da fé. O centro deixou de ser o mistério pascal, e a Páscoa, como a principal e mais importante celebração, para uma centralidade na devoção ao Santíssimo Sacramento, tendo como a maior festa do Ano Litúrgico a celebração de *Corpus Christi*. Ou seja, a espiritualidade do Ano Litúrgico, que brotava da liturgia, se reduziu à presença real de Jesus na Eucaristia. Nas celebrações, a Palavra de Deus era lida em voz baixa e em latim, e a vida dos santos e as práticas devocionais ofuscavam todo o rito.

O Concílio Ecumênico Vaticano II, convocado por São João XXIII, e concluído no pontificado do Papa Paulo VI, por meio da *Sacrosanctum Concilium*, ao estabelecer a reforma geral da liturgia, determinou, no capítulo V, a reforma do Ano Litúrgico resgatando a centralidade do mistério pascal:

> O Ano Litúrgico seja revisado de tal maneira que, conservadas as tradições, costumes e normas dos tempos sagrados,

sejam elas adaptadas aos nossos tempos. Seja mantida sua índole original para que alimente devidamente a piedade dos fiéis na celebração dos mistérios da redenção cristã e de modo muito especial do mistério pascal. [...] Focalizem a atenção dos fiéis, antes de tudo, nas festas do Senhor, quando são celebrados os mistérios da salvação durante o curso do Ano Litúrgico. Por isso, o próprio do tempo mantenha seu devido lugar acima das festas dos santos, para comemorar integralmente e de maneira conveniente o ciclo dos mistérios da salvação (SC 107-108).

Dessa maneira, foram apresentadas em 1969 as *Normas universais sobre o Ano Litúrgico e o Calendário Romano* (Nualc), válidas para toda a Igreja de rito latino, aprovadas no mesmo ano por Paulo VI, por meio da carta apostólica *Mysterii Paschalis*, na forma de *motu proprio*. No Calendário Romano estão inscritas todas as celebrações com suas ordens de precedência.

Dessa maneira, as Nualc distinguem as celebrações litúrgicas segundo sua importância em solenidades, festas e memórias (obrigatórias ou facultativas).

Solenidades constituem os dias e as celebrações mais importantes para a Igreja e sua liturgia. As solenidades iniciam-se com o pôr do sol do dia precedente (I vésperas), ou seja, já se celebra na noite que antecede a liturgia própria do dia. Um exemplo é a Solenidade de Santa Maria Mãe de Deus, que ocorre no dia 1º de janeiro, mas que já é celebrada na noite do dia 31 de dezembro. Em algumas solenidades são previstas celebrações de vigília e missa da noite, além de celebrações da aurora e do dia, como acontece com o Natal. Todas as celebrações que ocorrem como solenidade têm orações, leituras e cantos próprios ou retirados do chamado Comum, que são formulários com várias missas, antífonas e orações. Exemplos de formulários Comuns: de Nossa Senhora; dos mártires; santos e santas; dedicação de uma igreja (cf. NUALC, n. 11).

Festas são celebrações importantes que ocorrem "nos limites do dia natural; por isso, não têm primeiras vésperas, a não ser que se trate de festas do Senhor que ocorrem nos domingos do Tempo Comum e do Tempo do Natal, cujo ofício substituem" (NUALC, n. 13). As festas são inúmeras e variadas. São celebradas sobretudo no Tempo Comum, desvinculadas dos ciclos do Natal e Páscoa. Em sua maioria, memórias da Virgem Maria e dos santos, essas celebrações têm orações, leituras e cantos próprios ou do Comum.

Memórias são celebrações em que lembramos a vida e a missão de um santo ou mártir. Suas celebrações se harmonizam com as do dia de semana ocorrente, utilizando as leituras próprias do dia (cf. NUALC, n. 14). As memórias podem ser obrigatórias ou facultativas, sendo como os próprios nomes indicam: as obrigatórias necessariamente devem ser celebradas por todas as comunidades e as facultativas ficam a critério da comunidade, podendo ser omitida.

"Nos sábados do Tempo Comum, não ocorrendo memória obrigatória, pode-se celebrar a memória facultativa da Santa Virgem Maria" (cf. NUALC, n. 15). Nos dias de semana da Quaresma e dos dias 17 a 24 de dezembro, as memórias obrigatórias podem ser como memórias facultativas, sendo chamadas, neste caso, simplesmente de comemorações. A celebração de finados, por não ter um caráter específico de solenidade, festa ou memória, é chamada de Comemoração de Todos os Fiéis Defuntos, sendo celebrada no dia 2 de novembro, mesmo que este caia em um domingo.

No ano de 1970, a Sagrada Congregação para o Culto Divino publicou a instrução *Calendaria Particularia* sobre a revisão dos calendários particulares. Nestes, cada diocese ou congregação religiosa pode inserir celebrações próprias, como dos padroeiros, dedicação da igreja catedral e santos e bem-aventurados com relação especial com a diocese ou a família religiosa. Da mesma forma as conferências episcopais podem inserir celebrações no calendário litúrgico para toda a Igreja da nação, como é o caso da Solenidade de Nossa Senhora da Conceição Aparecida, padroeira principal do Brasil, e os casos das memórias de santos e beatos, como o de Santa Dulce dos Pobres.

Há ainda outros documentos que foram publicados ao longo dos anos em relação ao Ano Litúrgico:

1974 – Exortação apostólica *Marialis Cultus*, para a reta ordenação e desenvolvimento do culto à Bem-aventurada Virgem Maria, do Papa Paulo VI.

1975 – Carta do Secretariado para a Unidade dos Cristãos propondo uma data comum para a celebração da Páscoa a todos os cristãos.

1983 – Publicação do novo Código de Direito Canônico, em que alguns parágrafos abordam o "tempo sagrado".

1992 – Publicação do Catecismo da Igreja Católica, onde os números de 1168 a 1173 se referem ao Ano Litúrgico.

2021 – Prevista a publicação da terceira edição típica do Missal Romano em português, tendo a lista do calendário e os formulários próprios atualizados com os santos inseridos no calendário universal e nacional nos últimos anos[1].

A seguir apresentamos a tabela dos dias litúrgicos segundo a ordem de precedência, ou seja, relacionando as celebrações mais importantes, com grau de solenidade maior, as festas e memórias de valor para Igrejas particulares e comunidades religiosas.

Tabela dos dias Litúrgicos segundo sua ordem de precedência

I

1) Tríduo Pascal da Paixão e Ressurreição do Senhor.
2) Natal do Senhor, Epifania, Ascensão e Pentecostes.

---

1 Destaque se dá a São Chárbel Makhlul, da Ordem dos Maronitas Libaneses, celebrado em 24 de julho, inserido no Calendário Litúrgico por conta da comunhão com o Rito Siríaco Ocidental.

Domingos do Advento, da Quaresma e da Páscoa. Quarta-feira de Cinzas.

Dias feriais da Semana Santa, de segunda a quinta-feira inclusive.

Dias dentro da oitava da Páscoa.

3) Solenidade do Senhor, da Bem-aventurada Virgem Maria e dos santos inscritos no calendário geral.

Comemoração de Todos os Fiéis Defuntos.

4) Solenidades próprias, a saber:

   a) Solenidade do padroeiro principal do lugar ou da cidade.

   b) Solenidade da dedicação e do aniversário de dedicação da igreja própria.

   c) Solenidade do titular da igreja.

   d) Solenidade do titular, do fundador, ou do padroeiro principal da ordem ou congregação.

II

5) Festas do Senhor inscritas no calendário geral.

6) Domingos do Tempo do Natal e domingos do Tempo Comum.

7) Festas da Bem-aventurada Virgem Maria e dos santos do calendário geral.

8) Festas próprias, a saber:

   a) Festa do padroeiro principal da diocese.

   b) Festa do aniversário de dedicação da igreja catedral.

   c) Festa do padroeiro principal da região ou província, da nação ou um território mais amplo.

   d) Festa do titular, do fundador, do padroeiro principal da ordem e congregação e da província religiosa, salvo o prescrito no n. 4.

   e) Outras festas próprias de uma Igreja.

   f) Outras festas inscritas no calendário de alguma diocese ou ordem e congregação.

9) Os dias de semana do Advento, de 17 a 24 de dezembro inclusive.

Dias dentro da oitava do Natal.

Dias de semana da Quaresma.

III

10) Memórias obrigatórias do calendário geral.

11) Memórias obrigatórias próprias, a saber:

a) Memória do padroeiro secundário do lugar, da diocese, da região e da província religiosa.

b) Outras memórias obrigatórias inscritas no calendário de uma diocese, ordem ou congregação.

12) Memórias facultativas, que podem, contudo, ser celebradas também nos dias de que fala o n. 9, segundo o modo descrito nas Instruções Gerais sobre o Missal Romano e a Liturgia das Horas. Do mesmo modo, as memórias obrigatórias, que por acaso ocorram nos dias de semana da Quaresma, poderão ser celebradas como memórias facultativas.

13) Os dias de semana do Advento até o dia 16 de dezembro inclusive. Os dias de semana do Tempo do Natal, do dia 2 de janeiro até o sábado depois da Epifania. Os dias de semana do Tempo Pascal, de segunda-feira depois da oitava da Páscoa até ao sábado antes de Pentecostes inclusive.

Dessa maneira, o Ano Litúrgico, com todos os seus tempos, solenidades, festas e memórias, se torna um itinerário seguro e riquíssimo para reflexão e vivência dos mistérios de nossa fé.

O Ano Litúrgico, portanto, é uma realidade teológica, e não uma mera organização temporal da Igreja. É a compreensão e organização cristã do ano solar: o mesmo espaço de tempo, mas que pela fé em Cristo é compreendido como tempo de salvação. Nele, os crentes desenvolvem ciclicamente suas celebrações em memória e em honra de Jesus Cristo. Sua duração de 365 dias coincide com o ano civil, mas seu reinício cíclico não, o qual é determinado no Ano Litúrgico pelo primeiro domingo do Advento; o ano civil, por sua vez, tem no Ocidente o 1º de janeiro como data do Ano-novo (ROSAS, 2007, p. 16).

No próximo capítulo, iremos conhecer um pouco mais do Ano Litúrgico, aprofundando a constituição histórica de cada tempo, e o seu sentido teológico, litúrgico e espiritual.

2
O Ano Litúrgico

A Igreja tem por função comemorar a obra salvadora de seu divino esposo, em determinados dias, no decurso de cada ano. Toda semana, no domingo, justamente denominado dia do Senhor, celebra a ressurreição, como o faz uma vez por ano, juntamente com a paixão, na grande solenidade pascal. Mas o mistério de Cristo se desdobra por todo o ciclo anual, desde sua encarnação e nascimento até ascensão, Pentecostes e a expectativa, cheia de esperança, da vinda do Senhor (SC 102).

Os membros da comunidade cristã espalhados pelos quatro cantos do mundo são chamados a santificar, por meio da oração, não só as 24 horas de um dia, mas todos os dias do ano. Para realizar tal empreita, todos são exortados a celebrar o Ano Litúrgico, no raio do ano solar. Esse ano difere do ano civil, pois tem seu início no primeiro domingo do Tempo do Advento e se encerra com a Solenidade de Cristo Rei.

O Ano Litúrgico pode ser definido como um caminho mistagógico, oferecido pela própria Igreja, para celebrar no tempo o grande acontecimento da história da salvação: a encarnação, vida, paixão, morte e ressurreição de Cristo. No decorrer da celebração do Ano Litúrgico, por meio de ritos e preces,

> a liturgia nos empurra para uma dimensão que transcende nossa existência terrena. Então resta-nos fazer dessa memória única que perpassa nossos tempos até o fim dos tempos uma Páscoa mística, na esperança de que conheceremos o dia sem ocaso. Fora do *chronos*, na liturgia somos capazes de viver o *kairós* (FERREIRA, 2018, p. 135).

Na peregrinação em busca da experiência do *kairós*, à medida que a história da salvação é recordada e celebrada, os membros da comunidade eclesial são envolvidos pelo mistério pascal que os convida a se assemelharem a Cristo. Como afirma Bergamini, "o Ano Litúrgico celebra o mistério de Deus em Cristo, portanto, se acha enraizado na série de eventos mediante os quais Deus entrou na história e na vida do homem" (1992, p. 59).

A cada encontro celebrativo, a comunidade tem a oportunidade de sentir a presença de Cristo, que continua a se revelar aos seus discípulos. Em cada momento litúrgico, a assembleia que se reúne, por convite de Deus, responde positivamente ao apelo de Jesus na última ceia: "fazei isto em memória de mim", atualizando no mundo a sua presença redentora.

A atualização da presença de Cristo na história se dá de muitas formas: pela celebração eucarística, pelos demais sacramentos, pelos sacramentais e pela Liturgia das Horas, que celebramos dentro do mistério que envolve todo o Ano Litúrgico. Em todas essas ações litúrgicas, a Igreja recorda no tempo a Páscoa de Cristo, na Páscoa da vida de seus fiéis, atualizando o mistério pascal que orienta toda a ação missionária que os discípulos de Jesus realizam no mundo sob o impulso do Espírito Santo. "O centro do Ano Litúrgico é a celebração do mistério pascal desdobrado em tempos kairóticos privilegiados: Tempo Pascal-pentecostal, Tempo Comum, Tempo do Advento, Tempo Natalino-epifânico, Tempo Quaresmal" (SILVA, 2013, p. 201).

Cientes da importância da "participação ativa, consciente e frutuosa" de todos os cristãos nas ações litúrgicas (SC 48) que acontecem no raio celebrativo do Ano Litúrgico, nas linhas que seguem nos dedicaremos à reflexão sobre os elementos, que compõem o ano da Igreja. Estamos convictos de que, à medida que conhecemos o que celebramos, nos deixamos também tomar pela força do mistério. Uma vez envolvidos pelo mistério, conseguimos compreender que a grande riqueza que nos oferece o Ano Litúrgico é a própria presença de Cristo na vida de sua Igreja. Celebrar o Ano Litúrgico não é um ato repetitivo de recordação de fatos da vida e da obra de Jesus, mas um momento frutuoso e oportuno de atualização da ação salvífica de Deus no hoje de nossa história de fé pessoal e comunitária. "Nessa história, o grande acontecimento é Cristo com seu mistério pascal que nos salva" (MADURGA, 1999, p. 55).

O calendário

A Igreja, já nas suas primeiras horas, deu início à organização daquilo que ela denominou calendário litúrgico. Por isso, esse calendário pode ser definido como o registro ou elenco das datas estipuladas por uma Igreja local, a princípio, para a celebração de fatos ligados à história da salvação, dispostos nos dias de um ano. Desse modo, o calendário litúrgico se liga à própria construção do Ano Litúrgico.

Para entendermos a formação do calendário litúrgico, que hoje nos ajuda a celebrar o mistério da nossa salvação, faz-se necessário que retomemos alguns dados históricos acerca dele. A história nos mostrará como a Igreja, pouco a pouco, de um calendário com características celebrativas locais, atingiu um calendário com propostas celebrativas locais, universais e para grupos particulares, sobretudo no que se refere às celebrações próprias das famílias religiosas.

A história da liturgia registra em seus anais que nos primeiros anos da Igreja existia uma controvérsia entre a Igreja de Roma e a Igreja presente na Ásia Menor quanto à celebração da Páscoa. A Igreja presente na Ásia Menor, tendo como alicerce a tradição dos tempos do Apóstolo João, sempre celebrava a Páscoa no dia 14 de nissan, que era o tempo de preparação para a Páscoa hebraica (*parasceve* hebraica). Já a Igreja de Roma, seguida pelas outras igrejas da Cristandade celebrava tal festa no domingo posterior. Somente em 325, com a celebração do Concílio de Niceia, é que ficou estabelecido para toda a Igreja o costume vivido pelas Igrejas de Roma e de Alexandria como elemento norteador para a celebração da Páscoa.

Como sabemos, a Páscoa se tornou a festa central de todo o Ano Litúrgico. A partir dela, foram organizadas todas as festas móveis, que denominamos Temporal. Por outro lado, as datas fixas ficaram ligadas a um dia do ano solar, sem relação com a lua. Esse ciclo foi denominado Santoral. Porém, é preciso recordar que nesse ciclo não foram registradas apenas as festas do culto dos cristãos aos santos, mas como o registro das festas que, já no século IV, recordavam os mártires, bem como a celebração do Natal de Jesus Cristo, já estabelecida no dia 25 de dezembro.

No percurso da história da construção do calendário litúrgico, encontramos dois antigos testemunhos. Estes fazem referência não a um calendário temporal, mas traziam registradas as festas fixas do Senhor e de alguns santos. Esses calendários remontam ao século IV e mais tarde serão a base para o Calendário Romano. O primeiro calendário seria o Cronógrafo Filocaliano e o outro seria o Calendário de Nicomédia.

O Cronógrafo Filocaliano recebeu esse nome graças ao seu autor Fúrio Dionísio Filocalo (AUGÉ, 2011, p. 62). Este era um artista grego, que a pedido de um cristão de nome Valentino, e isto pode ser atestado pela dedicatória da obra, constrói um tipo de luxuoso almanaque com muitos desenhos. Na primeira parte do documento encontramos o registro de fatos públicos romanos do ano e das festas tradicionais, bem como dos sete dias da semana com as suas propriedades astrológicas. Na segunda parte encontramos o registro de muitas informações sobre a ordem civil, encerrando com algumas indicações cristãs, mas sem ilustrações. Desse documento recolhemos dois elementos importantes: uma lista com os aniversários dos bispos de Roma e uma lista com os nomes dos mártires. A lista dos mártires tem seu início com a Festa do Natal de Jesus, a ser celebrada no dia 25 de dezembro. Ainda encontramos o registro das festas dos mártires de dezembro e janeiro, com as datas da celebração e o local de suas sepulturas. Mesmo sendo um calendário com características de uma Igreja local, encontraremos na fileira dos mártires a serem celebrados a data da festa dos mártires da Igreja Africana como Perpétua, Felicidade e Cipriano.

O outro testemunho de calendário ao qual já nos referimos é o de Nicomédia (AUGÉ, 2011, p. 63). A sua redação remonta mais ou menos ao ano de 363. O texto original é em grego, mas este se perdeu. O que restou dele foi um resumo em língua siríaca. Esse calendário deixou registrado para a história da liturgia um rico elenco com os nomes de mártires e as datas do martírio de cada um. Mas, além dos mártires antigos, encontramos o registro dos mártires do período da grande perseguição do tempo do Imperador Diocleciano. Aparece também nessa fonte os mártires que foram perseguidos por Juliano o Apóstata, entre 361-363. Devemos ainda recordar que, nesse calendário, encontraremos os nomes dos mártires ocidentais ou da Bacia do Mediterrâneo e, na segunda parte, os orientais da Armênia e Mesopotâmia. Por fim, o calendário ainda registrará a Festa da

Epifania e a memória dos confessores da fé, celebradas na sexta-feira depois da Páscoa.

Nesse trabalho de busca das fontes do Calendário Romano Geral como hoje o temos, nos deparamos com alguns livros, denominados martirológios. O Calendário de Nicomédia, em sua estrutura e conteúdo, se aproxima do martirológio. Um martirológio buscava registrar os nomes dos santos, não só ligados a uma Igreja local, mas aos que pertenciam à Igreja universal. Os nomes eram registrados por ordem dos dias do ano. Os martirológios influenciaram expressivamente no processo de evolução do calendário litúrgico. O mais antigo deles que chegou até nós foi o Martirológio Jeronimiano, que de um modo errado foi atribuído a São Jerônimo (AUGÉ, 2011, p. 63). Certamente foi escrito por volta do século V e, no seu conteúdo, atém-se a registrar os nomes dos santos, a data e o local do martírio de cada um. Entretanto, em algumas situações, encontramos uma pequena referência a como se deu o processo de martírio do santo.

A Idade Média assistiu a uma grande proliferação de martirológios, nos quais encontraremos pequenas biografias dos santos, mas não dotadas de cientificidade (AUGÉ, 2011, p. 64). Nesse período teremos o acréscimo de muitos santos nesses livros, bem como a assinalação das festividades do temporal. Essas fontes foram denominadas martirológios históricos ou clássicos e nasceram por volta dos séculos VIII e IX. Do século X ao XVI, esses documentos sofreram grandes interferências com o acréscimo de elementos legendários, acerca da vida dos santos. Todavia, o Papa Gregório XIII, que governou a Igreja de 1572-1585, decidiu colocar um fim nos abusos que foram introduzidos no martirológio, ordenando a sua revisão e uma nova publicação com um conteúdo mais conciso. O próprio Gregório XIII, em 1584, publicou o Martirológio Romano; mas, dada a falta de instrumentos para a crítica histórica, o documento ainda padeceu com algumas imperfeições. Foram feitas muitas revisões e novas publicações do texto até o papado de Pio X, que publicou uma nova edição típica em 1913.

O processo percorrido para a revisão do martirológio contribuiu para a revisão do Calendário Romano. É correto afirmarmos que, do século XII ao XV, o Calendário Romano passou por um processo de enriquecimento do seu conteúdo. Um calendário universal foi proposto a toda Igreja em 1568, sob o pontificado de Pio V, que impõe para toda a Igreja o uso do Breviário reformado e anexo a esse o calendário. Esse mesmo calendário irá aparecer no Missal de 1970.

O Calendário Romano passou por uma reforma engendrada pelo Papa Gregório XIII, que promoveu, como já nos referimos, a reforma do martirológio. No que se refere à reforma litúrgica do calendário, o papa procurou resgatar a centralidade da Páscoa. Entretanto, constata-se que, no século XVI, o Calendário Romano sofreu grandes interferências com o aumento do número dos santos. Isso ocasionou uma desvalorização do domingo, como dia do Senhor. Muitos preferiam celebrar a memória dos santos, mesmo quando caíam aos domingos, a celebrar a memória da Páscoa semanal.

A valorização do domingo foi retomada no século XX, sob o papado de Pio X, com a publicação da *Divino Afflante Spiritu*, de 1911. Em 1955, o Papa Pio XII, seguindo o seu antecessor, resgatou a força e o sentido pascal do domingo. Com isso insistiu na primazia do domingo, reduziu as oitavas a três (Natal, Páscoa e Pentecostes), redimensionou as festas dos santos, dando maior relevo ao Temporal. Mas no mundo contemporâneo muitas são as reformas feitas do Calendário Romano. O Papa João XXIII publicou, em 1960, o Código de Rubricas do Breviário e do Missal. Neste se suspendem as duplicações do santoral e se encaminha a supressão das festas, que não eram dotadas de fundamentos históricos ou dotadas apenas de um caráter devocional. Os graus das festividades são simplificados. Fixam-se os ciclos litúrgicos e, com o escopo de aliviar o calendário universal, promovem-se os calendários próprios das dioceses e das famílias religiosas.

Com o advento do Concílio Vaticano II, o Calendário Romano passou por um novo processo de renovação, segundo os princípios indicados pelos padres conciliares na constituição apostólica sobre a sagrada liturgia, *Sacrosanctum Concilium*, que, no capítulo V, tratou do tema do Ano Litúrgico. Além desse capítulo, a constituição ainda apresentou um apêndice, onde o Papa Paulo VI apresentou uma declaração a respeito da reforma do calendário. A declaração expressava que os padres conciliares não se opunham à fixação da Festa da Páscoa em um determinado dia do calendário gregoriano, mas isso deveria se dar a partir de um diálogo entre os irmãos separados da comunhão com a Igreja de Roma. Outro posicionamento conciliar era o da possibilidade do estabelecimento de um calendário perpétuo pela sociedade civil. Todavia, este deveria conservar os sete dias da semana, contando com o domingo.

A publicação do novo Calendário Romano geral se deu em 1969, antes da publicação do novo Breviário e do novo Missal. A publicação do novo Calendário Romano foi acompanhada de uma carta apostólica de Paulo VI, intitulada *Mysterii Paschalis Celebrationem*. Nela, o papa aprovava o novo calendário, recordando que a sua renovação se deu levando em consideração as revisões levadas a cabo por Pio X, Pio XI e João XXIII. A reforma do calendário teve por objetivo conduzir os cristãos a uma comunhão de fé, esperança e caridade com todo o mistério de Cristo, celebrado no ciclo de um ano.

O novo calendário buscou colocar em evidência os seguintes elementos: a recuperação do domingo como dia do Senhor, o dia primordial de festa e das festividades do Senhor, como momentos que celebram o mistério da nossa salvação. Desse modo, dá-se primazia ao próprio do tempo em relação à festa dos santos. Todavia, é importante recordar que as festas marianas e dos santos não devem ser entendidas como opositoras da primazia do mistério de Cristo, pois nelas é proclamado e renovado o mistério pascal de Cristo. A Igreja orienta os seus fiéis a celebrarem a festa dos santos no dia de sua morte, pois esse foi o dia que esses nossos irmãos se configuraram plenamente a Cristo.

As celebrações do Temporal que recordam a obra da salvação foram divididas em três grandes blocos (AUGÉ, 2011, p. 66). No primeiro bloco temos as celebrações que se encontram em torno da solenidade pascal como: Quaresma, Tríduo Pascal e os cinquenta dias pascais ou Tempo Pascal. No segundo bloco temos as celebrações que nos remetem à manifestação do Senhor: Advento, Natal e Epifania. O último bloco é constituído pelas celebrações de algum aspecto particular da nossa salvação: é aqui que se encontra o Tempo Comum.

O elenco das celebrações dos santos passou por uma ampla revisão, levando em consideração alguns critérios. O primeiro foi o da universalidade da Igreja, consequentemente a sua santidade. Desse modo encontraremos no novo elenco santos dos cinco continentes, de todas as categorias sociais, leigos, religiosos e membros do clero. O segundo foi o do testemunho histórico secular da Igreja, e aqui foram levados em consideração alguns santos bíblicos. O terceiro critério foi o da piedade e o clima cultural do tempo. O quarto critério foi o da descentralização do santoral, que possibilitou recuperar a celebração dos santos de determinadas regiões com maior liberdade. Somados a esses critérios, os redatores aceitaram, por meio de uma acurada pesquisa, que muitos personagens foram considerados santos, sobretudo pela falta de conhecimento das pessoas. E que outros, por falta de dados históricos, deveriam ser retirados do calendário para não colocar em xeque a seriedade da revisão.

Desse modo, o novo Calendário Romano assim divide por ordem de importância as celebrações: solenidades, festa, memória obrigatória ou facultativa (cf. NUALC, n. 8-15). Essa nova divisão promoveu uma relação harmoniosa entre o temporal e o santoral.

O novo calendário diminuiu prudentemente as festas dos santos e redimensionou o grau de muitas festas litúrgicas. A grande maioria foi transformada em memória, o que impulsiona a comunidade cristã a viver de um modo mais intenso os mistérios de Cristo durante o Ano Litúrgico.

Alguns critérios também foram estabelecidos para se assegurar a primazia do temporal sobre o santoral. O domingo é sempre reservado como dia do Senhor; nenhuma festa tem primazia sobre ele, a não ser as indicadas pelo calendário como algumas solenidades do Senhor: Batismo de Cristo, a Sagrada Família, a Santíssima Trindade e Cristo Rei do Universo (cf. NUALC, n. 6). Aqui no Brasil, por razões pastorais algumas solenidades são celebradas no domingo, como as que fazem memória dos apóstolos Pedro e Paulo e a de Todos os Santos. A Quarta-feira de Cinzas e os dias feriais da Semana Santa não podem ser substituídos por outras celebrações. As férias do Advento, de 17 a 24 de dezembro, bem como todas as férias do Tempo da Quaresma, têm sempre a precedência em relação a qualquer memória obrigatória (cf. NUALC, n. 5).

Faz-se necessário anotar que, com a publicação da terceira edição típica do Missal Romano em 2002, foram incluídas no Santoral algumas novas celebrações: três memórias obrigatórias, dezesseis memórias facultativas, como a do Santíssimo nome de Jesus (3 de janeiro), duas marianas como de Nossa Senhora de Fátima (13 de maio) e o Santíssimo Nome de Maria (12 de setembro). Hoje temos também incluída a Festa de Nossa Senhora de Guadalupe (12 de dezembro) e a memória da Mãe da Igreja (na segunda-feira depois de Pentecostes).

Em tempos hodiernos, ao lado do Calendário Romano geral, há também os calendários particulares das dioceses, regiões e famílias religiosas. Isso revela a eclesialidade, a diversidade e universalidade da comunidade cristã presente em todos os cantos do mundo, dedicando-se plenamente ao testemunho do Evangelho, que nos coloca na presença do mistério que celebramos, o Cristo.

Recordamos que o Calendário Romano geral busca colocar em evidência o mistério pascal de Cristo. A cada data celebrada, somos conduzidos pelo próprio mistério ao ponto central do Ano Litúrgico, que é o Tríduo Pascal. Momento em que a comunidade celebra com toda solenidade a paixão, morte e ressurreição daquele a que somos convidados a nos assemelharmos por nosso exemplo de vida e santidade.

Tendo percorrido a história da formação do Calendário Romano geral, desejamos agora compreender a teologia e a espiritualidade litúrgica do Ciclo do Natal, do Ciclo da Páscoa e do Tempo Comum. Pois, em cada celebração do Ano Litúrgico, temos a oportunidade de celebrar e tornar atual um momento da história da salvação, continuada em nós que somos o novo povo da Aliança, peregrinando neste mundo ao encontro definitivo com o Senhor, no último dia.

Ciclo do Natal

O nascimento de uma criança é sempre aguardado com esperança por nossas famílias. Muitos se envolvem na preparação de todos os detalhes a fim de que a criança seja acolhida com muita alegria. Quando a criança nasce, com ela emerge uma nova esperança, pessoas passam para visitá-la, e o seu processo de crescimento é acompanhado com atenção e cercado de cuidados.

Fazemos essa experiência no Ciclo do Natal. Composto pelo Tempo do Advento, que nos coloca na dinâmica de preparação para a chegada do Senhor, e pelo Tempo do Natal, em que contemplamos a manifestação do Senhor a toda a humanidade. Somos convidados a viver a dimensão da esperança escatológica, pois celebramos a memória do Senhor que já armou a sua tenda em meio à humanidade, mas alimentamos em nossa vida de fé a expectativa de sua segunda vinda no final dos tempos. "A encarnação redentora não é apenas a manifestação, mas também oferta aos que creem da glória" (AUGÉ, 2011, p. 187) manifestada pelo Menino Deus que, deitado na manjedoura, é contemplado como a esperança que não passa, mas nos impele a buscar um novo amanhã.

O Tempo do Advento

> O Tempo do Advento se apresenta como um tempo de piedosa e alegre expectativa (NUALC, n. 39).

A comunidade cristã é convidada anualmente, iluminada pela Palavra do Senhor, a preparar-se para a celebração do Nascimento de Jesus. A antífona de entrada do primeiro domingo do Tempo do Advento já nos coloca na dinâmica desse tempo oportuno de vigilância, espera e oração:

A vós, meu Deus, elevo a minha alma.
Confio em Vós, que eu não seja envergonhado!
Não se riam de mim meus inimigos,
pois não será desiludido quem em vós espera (Sl 24,1-3).

Esse nascimento marca um novo tempo para toda a história da salvação, por isso, para celebrar a sua memória, é necessário trilhar um caminho de preparação. Na vida litúrgica da Igreja, o tempo proposto para essa preparação é o do Advento, o qual assinala o início de um novo Ano Litúrgico. A Igreja em oração é chamada a preparar-se para celebrar a recordação da encarnação de Deus na história humana, mas também alimentar nos corações de seus membros a expectativa do Senhor que voltará outra vez para conduzir todas as criaturas à plenitude da vida.

Advento significa chegada, vinda. A liturgia desse tempo litúrgico se construiu por meio de um longo processo. No final do século IV e por todo o século V, desenvolveu-se na região da Gália e da Espanha uma prática ascética de preparação para a Festa do Natal do Senhor. Em Roma encontraremos tal prática apenas na metade do século VI. Partindo de tais dados, pode-se afirmar que a origem desse tempo litúrgico se deu entre o século IV e metade do século VI. Segundo um antigo sacramentário da Igreja, denominado de Gelasiano, esse tempo se desenvolvia em seis semanas, prática vivida até os dias hodiernos pela Igreja de Milão, no norte da Itália, que celebra segundo o rito ambrosiano. A prática de se celebrar o Tempo do Advento em quatro semanas foi determinada por São Gregório Magno, papa de 590 a 604 (AUGÉ, 1992, p. 285).

Esse tempo de preparação, pouco a pouco, a partir da reflexão dos Padres da Igreja, foi se configurando como um tempo de espera do Senhor, que voltará uma segunda vez, mas também de celebração memorial do Senhor que assumiu a nossa carne humana para nos santificar. São Leão Magno, que não conheceu a celebração do Advento em Roma, em sintonia com o pensamento de outros autores eclesiásticos do seu tempo, afirmava que o nascimento de Jesus em Belém encontrava-se intimamente ligado à sua segunda vinda gloriosa. Desse modo, a Festa do Natal do Senhor já deveria ser compreendida em sintonia com a cruz e com a vinda definitiva de Cristo para julgar toda a humanidade.

No processo de renovação da liturgia engendrado pelo Concílio Vaticano II a Igreja confirmou que no Tempo do Advento a comunidade cristã é exortada a se preparar, por quatro semanas, para celebrar a solenidade do Natal do Senhor, recordando a sua primeira vinda na carne. Porém, nesse tempo, a Igreja também deve, guiada pelo Espírito, viver a expectativa da vinda gloriosa do Senhor no fim dos tempos.

Para viver e celebrar essas duas realidades, a Igreja oferece um precioso elenco de leituras, por meio do qual tomamos contato com inúmeros personagens das Sagradas Escrituras que testemunharam ou contribuíram para a vinda do Messias. Na fileira desses personagens nos deparamos com Isaías, que é definido como o profeta da esperança, que no Antigo Testamento preanunciou a chegada do Redentor. Outra personagem é Maria, aquela que, por meio do seu sim, na fé se fez toda de Deus, para que, em seu ventre, o Senhor encontrasse uma casa segura para vir ao encontro do seu povo. Também citamos aqui José, homem justo e fiel. Aos seus cuidados, Deus confiou dois dos seus maiores tesouros, Jesus e Maria. Outro personagem é João Batista, o último dos profetas. Foi um homem de uma vida muito austera, que realizou com zelo e profetismo a missão de preparar os caminhos do Senhor. Era filho de Isabel e Zacarias, que representavam naquele tempo um grupo significativo de pessoas que esperavam ansiosas pela chegada do Messias.

Além dos personagens bíblicos, as leituras dominicais, apresentaram alguns temas que se aplicam aos quatro domingos dos anos A, B e C, do Advento. O primeiro domingo é um convite à vigilância no caminho de espera da chegada de Jesus; o segundo domingo é um chamamento à experiência de conversão; o terceiro domingo desperta a comunidade a contemplar o testemunho de João Batista sobre a vinda do Messias, que deve ser seguido pelos membros da Igreja, hoje. Já mais próximos da celebração do Natal do Senhor, no quarto domingo a comunidade recorda o anúncio do nascimento de Jesus. No que se refere às leituras feriais, esse tempo litúrgico pode ser separado em duas partes. A primeira parte, que se encerra no dia 16 de dezembro, oferece na primeira leitura uma sequência de textos extraídos do Livro do Profeta Isaías sobre a esperança da chegada de Jesus. Já os textos do Evangelho nos apresentam algumas passagens relacionadas ao nascimento de Jesus e ao seu retorno escatológico. Todavia, a partir da quinta-feira da segunda semana, leem-se os textos do Evangelho que fazem referência a João Batista, o precursor. Na segunda parte, que se inicia no dia 17 de dezembro, a liturgia da Palavra, por meio da primeira leitura, recorda os oráculos messiânicos do Antigo Testamento e, dos evangelhos de Mateus e Lucas, são proclamadas as perícopes que narram a infância de Jesus.

Convém recordar a riqueza teológica dos textos eucológicos que compõem os formulários para as missas a serem celebradas nesse tempo. Os textos, em unidade com a liturgia da Palavra, expressam o tema da vinda de Jesus no seio da humanidade e também a esperança da sua segunda vinda ao final dos tempos, quando a comunidade se encontrará com o Senhor e Juiz, o qual não julgará pelo que ouviu dizer, mas segundo a fé e as obras de cada um, usando de misericórdia para com todos. Ainda chamamos a atenção para as orações do quarto domingo, o segundo prefácio para o Tempo do Advento e as orações da coleta para as missas dos dias 17, 19, 20 e 23. Nesses textos encontramos um conteúdo mariano que recorda à comunidade eclesial o verdadeiro sentido da participação de Maria na história da salvação.

O Tempo do Advento pouco a pouco nos conduz à celebração da memória da gênese da fé cristã, isto é, à encarnação de Jesus que marca um novo tempo na história em que Deus atua o seu plano de salvação e, por meio de seu Filho, nos adota também como seus filhos. Nesse tempo, a Igreja recorda a chegada do Redentor, porém do coração da comunidade brota o grande apelo: "O Espírito e a Esposa dizem: 'Vem!' Que aquele que ouve diga também: 'Vem!' Que o sedento venha, e quem o deseja receba gratuitamente água da vida" (Ap 22,18).

O Tempo do Natal

Um menino nasceu para nós: um filho nos foi dado! O poder repousa nos seus ombros. Ele será chamado "Mensageiro do Conselho de Deus" (Is 9,6).

Neste tempo litúrgico, nos deparamos com duas celebrações que não podem ser compreendidas separadamente: o Natal de Nosso Senhor em nossa carne e a sua Epifania a todos os povos. No Natal de Jesus, celebramos o mistério de um Deus que assume a nossa carne. A encarnação de Deus na história humana é um grande mistério que o Apóstolo Paulo nos ajuda a entender, por meio de suas palavras dirigidas à comunidade dos filipenses:

> Ele, estando na forma de Deus, não usou de seu direito de ser tratado como um Deus, mas se despojou, tomando a forma de escravo. Tornando-se semelhante aos homens e reconhecido em seu aspecto como um homem, abaixou-se, tornando-se obediente até a morte, à morte de cruz (Fl 2,6-8).

A celebração do Natal de Jesus nos recorda no seu âmago o despojamento total de um Deus que, sedento de amor pela sua criação, já não mais se revela a ela por meio dos seus patriarcas, profetas e profetisas, mas Ele mesmo vem ao seu encontro por meio do Filho, nascido de mulher. A sua vinda tem um escopo, revelar a toda humanidade o seu plano de redenção.

Ainda nesse tempo celebramos a Solenidade da Epifania do Senhor que nos recorda a manifestação de Deus por meio do Filho a todos os povos, nos apresentando a universalidade da missão de Jesus. Aquele que assume a nossa humanidade não foi enviado apenas às ovelhas perdidas da casa de Israel, mas a todas as pessoas de boa vontade. É Ele o alfa e o ômega, o princípio e o fim de toda a história da salvação, o ponto de partida e de chegada de toda a criação. Por Ele e nele, tudo foi feito por Deus.

Nas linhas que seguem desejamos conhecer o mistério que celebramos no Tempo do Natal. Todavia, para levarmos adiante tal empreita, devemos continuar entendendo o Ano Litúrgico não apenas como um calendário, mas como um caminho litúrgico-espiritual que nos ajuda celebrar a presença mesma de Cristo, em sua comunidade eclesial esparsa pelo mundo todo como sinal sacramental da continuação de sua missão no mundo. O Tempo do Natal tem seu início com a Vigília da solenidade do Natal do Senhor, no pôr do sol do dia 24 de dezembro, e se estende até a Festa do Batismo do Senhor.

Natal de Nosso Senhor Jesus Cristo

O verbo se fez carne e habitou entre nós (Jo 1,14).

Os primeiros testemunhos documentais sobre a celebração do Natal de Jesus Cristo foram encontrados em Roma. O calendário Cronógrafo, ao qual já nos referimos anteriormente, de 354, que era ao mesmo tempo um calendário civil e religioso, registrará entre os eventos civis, no dia 25 de dezembro, a Festa do *Sol Invictus*, o Sol Invencível. Ao topo da lista, esse calendário registrava o nome dos bispos de Roma, com as respectivas datas da morte de cada um. Esse momento era entendido pelos cristãos como o verdadeiro dia do nascimento, em vista da união plena com Cristo. Aí também se encontra a referência à celebração a 25 de dezembro do nascimento de Cristo, em Belém da Judeia (AUGÉ, 1992, p. 281). A composição desse elenco se deu certamente por volta de 335-337, o que nos leva a pensar que a Festa do Natal de Jesus já era celebrada em Roma nesse período. Nesse tempo a festa era celebrada apenas na Basílica de São Pedro, edificada nessa época.

Dois elementos foram fundamentais para o surgimento dessa festa. O primeiro seria o de buscar, em Roma, a superação da tradição pagã de celebrar o Sol Invencível. O segundo elemento seria o meritório trabalho de evangelização e a busca de superação das heresias cristológicas, propaladas entre os séculos IV e V por Ário, Nestório e Eutiques.

O Papa Leão Magno (440-461) foi o primeiro a organizar o conteúdo teológico dessa festa. Ele deixou um rico elenco de homilias sobre esta festa, onde reflete o sentido mais profundo do mistério da encarnação de Deus na história. Os primeiros testemunhos de textos eucológicos para a celebração dessa festa se encontram no Sacramentário Veronense (MOHLBERG, 1994, p. 157-163). Os textos foram elaborados certamente no decorrer dos séculos V e VI.

Para Leão Magno, a celebração do Natal de Jesus é uma verdadeira festa da redenção estritamente ligada à Festa da Páscoa. No Natal, celebramos o momento em que Cristo assume a nossa humanidade em favor da nossa salvação.

Em Roma, no tempo do Papa Leão Magno, existia apenas uma única celebração em que se recordava o nascimento de Jesus em Belém. Esta era celebrada na Basílica de São Pedro, no dia 25 de dezembro, pela manhã. Sucessivamente a festa passou por um processo de enriquecimento litúrgico. Além da missa, celebrada pela manhã, houve a introdução de outra missa noturna na Basílica de Santa Maria Maior, onde se venerava a relíquia da manjedoura de Jesus. A história da liturgia nos testemunha que nesse dia pela manhã o papa também celebrava, na Igreja da mártir Santa Anastácia, ao lado do Palatino, em Roma. Ali era o lugar de encontro da comunidade bizantina que vivia na cidade. Aqui encontramos o início da tradição litúrgica que perdura até hoje de celebrar três missas nesse dia: a da noite, a da aurora e a do dia.

A renovação litúrgica promovida pelo Concílio Vaticano II procurou manter nos formulários litúrgicos a riqueza teológica sobre a celebração dessa solenidade, que nos foi legada pelo grande teólogo do mistério do Natal de Jesus, São Leão Magno. A riqueza dos textos das orações e da liturgia da Palavra para as celebrações da vigília, da noite, da aurora e do dia não está tanto em nos apresentar elementos históricos, mas no conteúdo do mistério que celebramos nesse dia. Na liturgia da Palavra encontramos textos do Profeta Isaías, o profeta da esperança messiânica, bem como dos evangelhos de Mateus, Lucas e João que nos descrevem como Deus irrompeu na história com o escopo de salvá-la.

Na solenidade do Nascimento de Jesus a comunidade eclesial é chamada a celebrar o início da nossa salvação. O mundo estava envolvido pelas trevas, mas eis que Deus envia o seu próprio Filho, como a verdadeira luz, o sol que não tem fim. Com o nascimento de Cristo, toda a criação é chamada a reconciliar-se com o Pai; e a humanidade é chamada, unida ao Verbo encarnado, a compartilhar de sua vida imortal. A celebração do nascimento de Cristo nos permite afirmar: "o Natal é já o início da redenção salvífica, a condição para a morte e ressurreição" (AUGÉ, 1992, p. 283).

A oitava do Natal

Vieram apressados os pastores, e encontraram Maria com José, e o Menino deitado no presépio (Lc 2,16).

A reforma litúrgica levada a cabo pelo Papa Paulo VI, após a publicação da *Sacrosanctum Concilium*, além do Tempo Pascal, estabeleceu uma oitava para o Tempo do Natal. Mas o que isso significa para a vida litúrgica da comunidade eclesial? Na oitava do Natal a Igreja é chamada a celebrar solenemente os oito dias que seguem à solenidade do nascimento de Jesus, como um único dia. Dada a grande importância desse evento para a história da salvação, ele é recordado por oito dias, por meio de algumas celebrações que ligam as pessoas recordadas à pessoa do Verbo que se encarnou e armou a sua tenda entre nós.

No domingo após a solenidade do Natal do Senhor, ou no dia 30 de dezembro, caso não tenha um domingo durante a oitava, a Igreja é chamada a celebrar a Festa da Sagrada Família. Foi desejo de Deus desde o princípio ter uma família para que, por meio dela, pudesse vir ao encontro da humanidade. Tal família é apresentada a toda Igreja como um exemplo a ser continuado por todas as famílias cristãs. Podemos recolher essa ideia da oração da coleta da missa desse dia: após fazer a memória de que Deus deu ao mundo a Sagrada Família como modelo, os fiéis pedem a graça de imitá-la até o dia em que todos se encontrarão em sua casa.

Dentro da oitava do Natal, a Igreja ainda celebra, no dia 26 de dezembro, a memória do primeiro mártir cristão, o diácono Santo Estêvão, o qual, como nos testemunha a tradição, foi capaz de rezar pelos seus perseguidores. No dia 27 de dezembro, a comunidade cristã recorda São João Evangelista, conhecido como o discípulo amado do Senhor. Ele, no seu Evangelho, nos fala sobre o mistério do Senhor, que se revestiu da nossa carne, a fim de nos salvar. Recordando os acontecimentos que marcaram os primeiros dias do nascimento de Jesus, no dia 28 a Igreja celebra os Santos Inocentes, mártires. O nascimento de Jesus em nossa carne gerou grandes conflitos no seu tempo. Pois nem todos o acolheram como salvador, mas como alguém que viria para pôr fim aos projetos que espezinhavam a vida humana naquele tempo. Por isso, a notícia do seu nascimento fez com que muitas crianças até dois anos fossem mortas na tentativa de assassiná-lo. Desse modo, nessa celebração a comunidade em oração pede que ela testemunhe com palavras, o que as crianças inocentes testemunharam pela própria morte, a glória do Senhor.

No oitavo dia do Natal de nosso Senhor Jesus Cristo, somos convidados a recordar a virgem Maria, com o título de Santa Mãe de Deus. Essa é uma das solenidades marianas que recorda a figura de Maria como cooperadora da obra redentora engendrada por Deus em favor de toda humanidade. O dogma mariano que exalta a maternidade divina de Maria foi definido pelo Concílio de Éfeso. As orações e as leituras dessa solenidade nos recordam que, por meio de Maria, Deus mesmo veio ao encontro de toda a criação. Pela virgindade fecunda da pequena jovem de Nazaré, o Senhor revelou a toda humanidade o seu salvador. Eis que toda a humanidade é chamada a acolher aquele que Maria trouxe em seu ventre como o sol que não tem ocaso. Ele é o princípio do novo mundo, o ponto de unidade entre Deus e a sua criação que outrora caminhava distante de seu amor.

A oitava do Natal, com as celebrações que a compõem, em síntese nos convida à meditação do mistério da encarnação. É uma exortação a contemplarmos, no presépio, a vida que na cruz será entregue em favor da vida de toda humanidade. No Verbo Encarnado, contemplamos a presença do Reino de Deus entre nós, gerando novos tempos.

A Solenidade da Epifania do Senhor

> *Vimos sua estrela no Oriente, e viemos com presentes adorar o Senhor* (Mt 2,2).

Na esteira das celebrações que nos recordam a manifestação do Senhor ao mundo, no dia 6 de janeiro, a Igreja é convidada a celebrar a Solenidade da Epifania do Senhor[2]. Nas suas origens, a Igreja presente no Oriente recordava nessa celebração o dia do nascimento de Jesus. Quando a festa chegou a Roma, o Papa Leão Magno a chamou Epifania. O Sacramentário Gelasiano a nomeou como Teofania. Nos séculos XII e XIII os livros romanos já usavam definitivamente o termo Epifania em referência à celebração que recordava a manifestação do Senhor a toda humanidade (AUGÉ, 2011, p. 198).

Essa é uma das festas mais antigas da Igreja. As suas origens remontam ao Egito. O testemunho mais antigo nos vem de Clemente de Alexandria, por volta dos primórdios do século III. Santo Atanásio, em sua primeira carta sobre a Páscoa de 329, também fazia referência a essa celebração. Mas o testemunho mais seguro vem de Cassiano,

---

2 No Brasil, por determinação da CNBB, esta solenidade é celebrada no domingo entre 2 e 8 de janeiro.

depois de 420. No Egito, onde a festa começou a ser celebrada, ela era dotada de uma dupla motivação, isto é, se celebrava o nascimento de Jesus, bem como o seu Batismo (AUGÉ, 1992, p. 284).

Não foi por acaso que a data de 6 de janeiro foi escolhida pela Igreja do Oriente como o dia para se celebrar a festa do nascimento de Jesus. Uma tradição pagã celebrava em Alexandria nesse dia a festa do nascimento de Éon, o deus do tempo e da eternidade. Em Roma, essa festa começou a ser celebrada por volta do século V e foi denominada Epifania. São Leão Magno dedicou oito sermões para falar do conteúdo dessa festa que, em Roma, recordava a visita dos magos do Oriente ao Menino que estava no presépio para adorá-lo e lhe oferecer alguns dons (AUGÉ, 2011, p. 197).

Nos primeiros anos da celebração dessa festa no Ocidente, com a memória da visita dos magos a Jesus que se encontrava na manjedoura, a Igreja também celebrava o Batismo do Senhor e a realização do seu primeiro sinal em Caná da Galileia. Quando os orientais aceitaram o dia 25 de dezembro como a data para a celebração do Natal do Senhor, estes passaram a celebrar, no dia 6 de janeiro, a Festa do Batismo do Senhor como manifestação da divindade de Jesus a todos os povos.

A liturgia atual, renovada segundo os princípios do Concílio Vaticano II, celebra nesse dia a manifestação de Jesus a todos os povos, como a verdadeira luz que ilumina o nosso caminhar, na longa peregrinação que devemos fazer neste mundo até o dia em que contemplaremos o Senhor face a face. A mesma estrela que guiou os magos até a gruta de Belém continua hoje a nos guiar até que atinja-mos juntos a eternidade, onde contemplaremos a plenitude da glória do Senhor. Por isso, enquanto não chega esse glorioso dia, a Igreja continua a pedir que o Pai a guie por toda a parte, por intermédio de Cristo, a luz que não ofusca as nossas vistas, mas nos ajuda a tomar consciência de que na fé devemos acolher o mistério do Senhor, que continua a se revelar a nós, muito além da cidade de Belém. "A Epifania dá início a um tempo epifânico, no qual Deus continua a revelar-se a si mesmo, e a Igreja é chamada a revelá-lo ao mundo com o anúncio e o testemunho" (AUGÉ, 2011, p. 202).

A celebração dessa solenidade nos recorda a vida missionária da Igreja, que é chamada a manifestar o Senhor a todos os povos. Por isso, cada um dos membros da Igreja que acolhe essa manifestação é chamado a compartilhá-la com outros por meio do anúncio do Evangelho, colocando-se a serviço do Reino. "A Epifania exprime o sentido mais profundo da missão universal da Igreja, chamada a irradiar a luz de Cristo. Aquilo que no início era dom a Israel – aliança e comunhão com Deus –, agora é oferta a todos" (AUGÉ, 2011, p. 203).

A Festa do Batismo do Senhor

> Batizado o Senhor, os céus
> se abriram, e o Espírito Santo
> pairou sobre Ele, sob a forma
> de pomba. E a voz do Pai se
> fez ouvir: Este é meu Filho
> muito amado, nele está todo o
> meu amor! (Mt 3,16-17)

No domingo seguinte à solenidade da Epifania do Senhor, a Igreja celebra a Festa do Batismo do Senhor[3].

Essa festa marca o início da vida pública de Jesus. O momento em que Ele deixa o anonimato em que vivia na Galileia para dar início a uma vida missionária em favor do anúncio do Reino de Deus. A sua missão se dará sob a luz do Espírito Santo, como vemos testemunhado em Lc 4,16-18.

---

3 Pode acontecer que em alguns anos a Festa do Batismo do Senhor seja celebrada não no domingo, mas na segunda-feira após a Solenidade da Epifania do Senhor. Tal particularidade se dá quando a Solenidade da Epifania é celebrada nos dias 7 ou 8 de janeiro.

A liturgia hodierna nos recorda, por meio das orações e da Palavra proclamada, que toda a comunidade cristã participa do Batismo de Jesus. Nele somos ungidos e o mesmo Espírito que pairou sobre Ele paira também sobre todos nós, que somos chamados a continuar os seus passos. O Batismo nos dá a dignidade de sermos chamados filhos de Deus, nos exorta a uma vida de santidade, nos faz membros de um corpo cuja cabeça é o Cristo. Ao recebermos o Batismo, damos início a um caminho de fé que pouco a pouco nos levará a uma experiência de maturidade cristã, que alcançaremos por meio da celebração dos outros sacramentos, pela vivência cotidiana da fé, pelo serviço do anúncio do Evangelho, até atingirmos a vida plena. Herança que Deus reserva a todos que, vivendo neste mundo, se deixam conduzir pelos mesmos sentimentos de Cristo, passar pela vida das pessoas fazendo sempre o bem.

Ciclo da Páscoa

> *O Tempo Pascal acentua a novidade batismal da vida cristã em continuidade com a novidade do Ressuscitado* (LEIKAM, 2004, p. 187).

O Ciclo da Páscoa se constrói em torno de três momentos do Ano Litúrgico: Tempo da Quaresma, Tríduo Pascal e Tempo Pascal. Nesse ciclo a comunidade cristã, por meio das orações que compõem os formulários para as celebrações eucarísticas, pelo elenco das leituras bíblicas e pela Liturgia das Horas, é exortada a celebrar os fatos que nos recordam a ação salvadora de Deus, que teve o seu início no Antigo Testamento e o seu ápice no Novo Testamento, com a paixão, morte e ressurreição de Jesus.

A Igreja, durante esse ciclo, é convidada a recordar de um modo mais profundo a sua vocação de continuadora da missão de Jesus, por meio da vivência batismal, sob o impulso do Espírito Santo. Mergulhada em Cristo, a comunidade cristã o testemunha por meio de uma conversão contínua que a conduz à celebração da memória anual da Páscoa do Senhor, ápice do Ano Litúrgico e ponto de partida para o anúncio da presença do Ressuscitado entre nós.

Mergulhemos na história, teologia e espiritualidade do Ciclo Pascal. Conhecer o mistério que celebramos nesse tempo nos ajuda a entender a dimensão do que é ser uma Igreja Pascal. Sinal visível no mundo daquele que venceu os grilhões da morte nos deixando a promessa da eternidade.

Tempo da Quaresma

> *Eu quero a misericórdia e não o sacrifício, diz o Senhor; não vim chamar os justos, e sim os pecadores* (Mt 9,13).

O refrão de uma antiga canção da Igreja traduz em poucas palavras o que é esse tempo. "Eis o tempo de conversão, eis o dia da salvação, ao Pai cantemos, juntos louvemos, eis o tempo de conversão". A Quaresma, no desenrolar do Ano Litúrgico, é um chamamento de toda a comunidade cristã a uma experiência de conversão em vista das celebrações pascais. Para acolher a graça da ressurreição do Senhor é preciso abrir-se à graça transformadora de Deus que, por meio do Espírito, renova as nossas vidas. Como afirma Madurga: é Deus mesmo, que "nos concede esse tempo totalmente positivo de graça, misericórdia, projetos e alegrias" (MADURGA, 1999, p. 73). Não se trata de um tempo penitencial para vivermos fechados em nós mesmos, mas para alimentarmos em nossos corações um projeto de vida nova, guiados pelo Evangelho da alegria que nos impulsiona a gerarmos novos tempos.

Nas primeiras horas da Igreja não há registro de um tempo muito longo de preparação para a festa anual da Páscoa. As notícias que chegaram até nós testemunham que nesse período a comunidade dedicava apenas de dois a três dias para jejuar, finalizando com a celebração da Páscoa. Os primeiros testemunhos no Ocidente sobre a Quaresma datam por volta do século IV. Por meio de alguns cristãos, sabemos que a prática Quaresmal era vivida em algumas regiões. Egéria deixou um testemunho sobre como isso ocorria na Igreja de Jerusalém; Agostinho, sobre a Igreja da África; Ambrósio, sobre a Igreja de Milão. Sócrates, um historiador romano, registrou em sua obra um tempo de preparação para a Páscoa, por volta do século IV, em Roma. Esse tempo compreendia três semanas em que se buscava viver o jejum, com exceção do sábado e do domingo. Mas essa preparação pode ser denominada como um tempo pré-quaresmal (AUGÉ, 1992, p. 277).

No final do século IV havia em Roma a prática da preparação para a celebração da Páscoa, vivida em seis semanas. Essa Quaresma era vivida no tempo de São Leão Magno.

Os dados da história nos testemunham que alguns elementos contribuíram para a organização e solidificação desse tempo de preparação para a celebração da Páscoa do Senhor. Entre esses elementos, podemos elencar os seguintes: o processo de reconciliação dos penitentes, que tinha o seu ápice na Quinta-feira Santa, quarenta dias após o início do tempo penitencial, e o processo de preparação dos catecúmenos, os quais viriam a receber o Batismo na noite do sábado, durante a Vigília Pascal. Com o passar dos anos, muitos elementos foram sendo agregados a esse tempo litúrgico, porém o Concílio Vaticano II fez aparecer a sua mais profunda teologia.

O Concílio Vaticano II, pelo processo da reforma litúrgica, promoveu uma verdadeira renovação, a fim de fazer aparecer o sentido mesmo da Quaresma. A *Sacrosanctum Concilium* assim o expressa:

O Tempo Quaresmal comporta dois aspectos: a memória ou preparação do Batismo e a penitência. Nesse tempo dediquem-se os fiéis, com maior afinco, a ouvir a Palavra de Deus e à oração, preparando a celebração do mistério pascal na liturgia e na catequese litúrgica, que devem vir a ser valorizadas (*SC* 109).

A Quaresma hoje, à luz dos ensinamentos do Vaticano II, tem seu início com a celebração da Quarta-feira de Cinzas. Nesse dia, em sinal de penitência, impõem-se sobre a cabeça daqueles que participam da celebração eucarística as cinzas, em sinal de penitência. Os cristãos são chamados a recordar, por meio da oração e meditação da Palavra de Deus, os quarenta anos de caminhada do povo de Israel pelo deserto em busca da terra prometida por Deus e os quarenta dias em que Jesus foi tentado no deserto. Partindo desses dois dados, os cristãos são chamados a viver um caminho penitencial, não mergulhados em sentimento de tristeza, mas revestidos de uma alegria que os conduz à celebração da Páscoa do Senhor. Por isso, já na Quarta-feira de Cinzas os membros da comunidade são chamados a viver de um modo mais intenso a prática da oração, do jejum e da caridade.

A oração nos coloca na presença do Senhor, o jejum nos ajuda a viver o equilíbrio necessário para não nos deixarmos levar por nossos desejos, e a caridade nos exercita em nossa capacidade de sabermos compartilhar o que temos, para que os outros também possam viver com dignidade.

Para bem celebrar esse tempo, o ciclo anual das leituras propostas para os anos A, B e C nos oferece um caminho catequético-litúrgico que nos ajuda a viver esse tempo como um momento de transformação pessoal e comunitária. No ciclo A, por meio dos evangelhos temos a oportunidade de percorrermos um itinerário batismal que nos ajuda a compreender o que é de fato o Batismo para aqueles que seguem e continuam os passos de Jesus. O ciclo B nos oferece um itinerário cristocêntrico pascal que nos conduz a uma reflexão sobre a nova aliança que Deus celebra com o seu povo, por meio do seu Filho amado, que livremente se entrega na cruz, para dar a verdadeira vida aos homens. O ciclo C nos oferece um itinerário penitencial que nos coloca diante do tema da reconciliação e nos ajuda a contemplar o Cristo como o sinal maior da misericórdia de Deus, para com toda a humanidade. Por meio de Cristo, o mundo decaído é chamado a reconciliar-se com o Pai. "O caminho quaresmal é um caminho de fé que não pode ser feito sem um referimento à Palavra de Deus que a Igreja distribui com abundância nesse tempo santo" (AUGÉ, 2011, p. 174).

Nesse tempo, além das leituras, as orações e prefácios para a celebração convidarão os cristãos a um verdadeiro processo de conversão. A conversão aqui não está ligada apenas ao abandono de algumas práticas exteriores, mas a um processo ascético que conduz a pessoa a uma mudança interior. Essa mudança faz viver a fé como um momento oportuno de testemunho da ação salvífica de Deus na história por meio do Filho, que fez a experiência do deserto para nos mostrar que é possível vencer as tentações que nos impedem de estar plenamente na presença do Senhor (AUGÉ, 2011, p. 173).

É oportuno ainda recordar que nesse tempo celebramos o Domingo de Ramos e da Paixão do Senhor. A prática da procissão com os ramos teve seu início no século IV, em Jerusalém. Em Roma, tal costume chegará apenas no século X. Atualmente, a Igreja, ao celebrar esse dia, faz memória da entrada triunfal de Jesus em Jerusalém, onde Ele é aclamado como Rei, o Messias Salvador. Por meio da proclamação do Relato da Paixão, recorda-se o gesto da entrega livre de Cristo em favor de toda a humanidade. Ele é o cordeiro sem machas, o servo sofredor que livremente doa a sua vida para que o Pai cumpra plenamente o seu plano de salvação.

Tríduo Pascal

São escassos os elementos históricos que nos ajudam a precisar o tempo em que a Igreja, além de celebrar a memória da Páscoa do

Senhor no oitavo dia da semana, precisamente o domingo, denominado dia do Senhor, decidiu por escolher um dia do ano para celebrar este evento com maior solenidade. Talvez a prática da celebração solene da Páscoa do Senhor anual tenha surgindo entre os primeiros cristãos durante o século II.

O que sabemos é que Agostinho, já no final do século IV, testemunhou a existência da prática da celebração de um Tríduo Pascal, o qual recomendava que fosse celebrado pela comunidade cristã. Nos primórdios, o Tríduo Pascal era formado pela Sexta-feira Santa, pelo Sábado Santo e pelo Domingo. Porém no século VII houve uma pequena modificação: o Tríduo passou a ter o seu início na quinta-feira, com a Missa da Ceia do Senhor. Esses três dias nasceram como uma unidade celebrativa do mistério pascal. Todavia, com o tempo, essa unidade foi se desconstruindo, pois as celebrações foram se tornando independentes e revestidas de aspectos secundários. Foi a reforma litúrgica do Concílio Vaticano II que recuperou a unidade entre as três celebrações do Tríduo Pascal como uma grande celebração que se desenvolve em três dias (AUGÉ, 2011, p. 173).

Uma Quinta-feira Santa que nos ensina a servir, no amor

A Quinta-feira Santa, segundo uma antiga tradição da Igreja, era marcada pelo dia da reintegração dos penitentes, que haviam sido admitidos para um período penitencial na Quarta-feira de Cinzas. Com o tempo, na manhã desse dia começou-se a celebrar a Missa do Crisma. Nesta, o bispo, com o seu presbitério, abençoava os óleos dos catecúmenos e dos enfermos e consagrava o Crisma. Esses óleos viriam a ser utilizados para a celebração dos sacramentos da Igreja. Além das celebrações acima indicadas, a Igreja celebrava também nesse dia a Missa da Ceia do Senhor.

Os santos óleos

"O óleo e as unções são elementos que, tanto na Sagrada Escritura quanto na liturgia, têm aplicações bastante diversificadas e frequentes. O óleo foi escolhido desde os tempos muito antigos pela liturgia, devido ao seu fácil simbolismo e por estar presente no cotidiano das comunidades" (PARO, 2017, p. 32-33). Desse modo, a sagrada liturgia faz uso de três tipos de óleos: os dois primeiros são abençoados e o último consagrado pelo bispo na Missa do Crisma.

Óleo dos catecúmenos

No Sacramento do Batismo, a unção com o óleo dos catecúmenos indica a fortaleza na luta da vida cristã. Ao ungir os catecúmenos, a Igreja quer transmitir a força de Deus para aquele que começa a vida cristã, que certamente não será fácil. Como dizia Santo Ambrósio, "somos ungidos porque empreendemos uma luta". Desse modo, "pelo óleo dos catecúmenos, os batizandos se fortalecem para renunciar ao demônio e ao pecado antes de se aproximarem da fonte da vida e renascer" (PR, p. 525).

Óleo dos enfermos

O óleo era um medicamento conhecido na Antiguidade. Sobretudo o azeite de oliva era considerado símbolo de força espiritual, porque era obtido do fruto da oliveira, uma árvore que cresce em solo árido e, mesmo assim, produz frutos. O óleo de oliva não é considerado apenas um medicamento, mas é símbolo de luz e de pureza. "O óleo dos enfermos, cujo uso é atestado por São Tiago (Tg 5,14), proporciona aos doentes remédio para as enfermidades da alma e do corpo, a fim de poderem suportar com fortaleza os sofrimentos e alcançar o perdão de seus pecados" (PR, p. 525). Quando os enfermos são ungidos com óleo, os ministros não agem como médicos, mas como testemunhas de Jesus Cristo. Eles invocam a força da bênção divina sobre os doentes.

Óleo do Crisma

"A liturgia cristã adotou o uso do Antigo Testamento de ungir com o óleo da consagração os reis, os sacerdotes e os profetas, porque prefiguravam o Cristo, cujo nome significa Ungido do Senhor" (PR, p. 525). Desse modo, na ordenação presbiteral são ungidas com o óleo do Crisma (uma mistura de óleo de oliva e bálsamo ou perfume) as mãos dos neossacerdotes e, na ordenação episcopal, a cabeça dos bispos. No Sacramento do Batismo, quando não é recebido o Sacramento da Confirmação na mesma celebração, é ungida a cabeça dos neófitos (recém--batizados), manifestando que os cristãos, inseridos no mistério pascal de Cristo pelo Batismo, participam de seu sacerdócio régio e profético. No Sacramento da Confirmação, o Santo Crisma simboliza o Espírito Santo com o qual Jesus foi consagrado para sua missão. A unção com o Crisma, feita pelo bispo na fronte dos confirmandos, significa que os cristãos são pessoas "ungidas", associadas a Cristo para continuar sua missão. O perfume que exala do óleo nos recorda que, como cristãos, devemos ser os ungidos do Senhor, levando adiante sua missão deixada a cada um de nós, levando o perfume e o bom odor ao mundo.

Em tempos hodiernos, à luz da renovação litúrgica promovida pelo Vaticano II, na manhã desse dia, na Igreja Catedral de cada diocese, o bispo com o seu presbitério celebra a Missa do Crisma. Nesta o bispo abençoa os óleos que serão utilizados na celebração dos sacramentos e sacramentais. Na ocasião, os presbíteros renovam também as promessas sacerdotais, assumindo o compromisso de exercerem a vocação sacerdotal à semelhança do Cristo Bom Pastor, em comunhão com o bispo diocesano.

Na noite desse dia se celebra a Missa da Ceia do Senhor, ou mais popularmente conhecida como Celebração do Lava-pés. Com esta celebração dá-se início ao Tríduo Pascal. Nesta noite bendita a comunidade eclesial recorda o Cristo que, no contexto da Páscoa judaica, celebra com os seus discípulos a última ceia. Recordando com seus discípulos a passagem da vida de escravidão para uma nova vida dada por Deus ao povo da aliança, Jesus celebra a nova Páscoa. A Páscoa da nova e eterna aliança. Agora é Ele o cordeiro pascal sem mancha, o pão vivo descido do céu que dá a todos a certeza da vida eterna. No seu sangue oferecido e que será derramado do alto da cruz, contemplamos a plenitude do amor misericordioso do Pai em favor dos seus filhos que banha o solo do mundo para dar origem a novos tempos (AUGÉ, 2011, p. 172).

A Igreja nesse dia celebra a instituição da Eucaristia, a partir da qual é chamada a viver e sair para a sua missão de continuadora dos passos do Senhor Ressuscitado. Nessa noite também se faz memória da instituição do sacerdócio, compreendido como serviço oblativo em favor da edificação do reino. Nessa celebração a comunidade eclesial também recorda a instituição do novo mandamento do amor, caminho proposto por Cristo, para a realização de um mundo novo.

A celebração desse dia é marcada por alguns gestos que nos conduzem à celebração do mistério da entrega pascal de Cristo no alto da cruz. O Evangelho narra o episódio do Lava-pés. Jesus, antes de se dar como alimento aos seus discípulos, deixa-lhes uma lição. Tomando a bacia com água, Ele se inclina diante dos seus e lava os pés de cada um. Pedro, ao ver o mestre fazer esse gesto, se opõe, mas Jesus o convence de que aquilo era necessário. O gesto, no seu mais profundo, testemunha à comunidade que ela só poderá continuar os passos do mestre se de fato se deixar conduzir pelo Pai, assim como Jesus, sempre agiu. Ao término da celebração, as hóstias consagradas são levadas a um lugar onde a comunidade é convocada a se colocar em vigília e atitude de adoração por algumas horas. Diante do Senhor, a Igreja é chamada a silenciar com o intuito de se deixar tocar pelo mistério do silêncio. Diante de tão grande mistério, a única coisa que podemos contemplar e acolher é o gesto livre da entrega de Cristo que, mesmo não sendo pecador, oferece a sua vida para nos livrar do pecado que nos despersonaliza e nos impede de atingir a vida eterna.

Nessa noite, enquanto a comunidade vigia na oração, o espaço litúrgico é totalmente desnudado de seus adornos, ajudando-nos a meditar sobre a *kenosis* de Jesus expressada no alto da cruz.

Uma Sexta-feira Santa marcada pelo silêncio

A Sexta-feira Santa é marcada pelo silêncio que nos coloca diante do mistério da cruz. É um dia em que não se celebra a Eucaristia e outros sacramentos. A comunidade eclesial se encontra diante do mistério da morte de Jesus, no alto da cruz. Não é um dia de festa, mas de uma profunda reflexão que nasce do silêncio de uma assembleia que se coloca na presença do seu Senhor para compreender a beleza de tão sublime gesto de entrega. A Igreja nesse dia "não faz um funeral, mas celebra a morte vitoriosa do Senhor, o primeiro ato da Páscoa, a *Pascha crucifixionis*, como a chamavam os Padres: aspecto evidenciado também pelo fato de que, na reforma do Vaticano II, os paramentos negros foram substituídos por vermelhos" (AUGÉ, 2011, p. 144).

Por meio de uma liturgia austera, sem solenidade, com poucos cânticos, a Igreja, por meio de alguns gestos e ritos, celebra a recordação da paixão e morte do Senhor. Jesus livremente se entrega nas mãos daqueles que não conseguiram compreender a força transformadora do Evangelho por Ele ensinado. Aos olhos dos algozes, o Senhor pregado na cruz simbolizava o falimento de uma missão, ao passo que, para os discípulos, mesmo ainda sem compreenderem tudo o que ainda viria a acontecer, era a vitória de um projeto amoroso que viria a transformar e gestar uma nova humanidade.

A celebração da morte do Senhor é marcada por uma riqueza de conteúdo bíblico e gestual que nos ajuda a compreender e a rezar a ação salvífica de Deus, a contemplar o mistério da morte não como o fim, mas como a passagem para uma nova vida. A cruz de Jesus, nessa ação litúrgica, não é recordada como instrumento de condenação, mas como trono de onde emana a força da redenção atuada por Deus em favor de toda a humanidade.

São quatro os momentos que constituem esta ação litúrgica: paixão proclamada, paixão invocada, paixão venerada e paixão comungada. Cada um desses momentos nos convida a adentrar o mistério da morte de Jesus, o qual nos conduzirá à experiência da ressurreição (cf. CERVERA, 1987, p. 91).

Os ritos iniciais dessa celebração são marcados pelo silêncio que nos insere no mistério da morte do Senhor. Aquele que preside a celebração dirige-se com os ministros em silêncio até o presbitério. Este, numa atitude de recolhimento e reverência ao Senhor que se oferece na cruz, prostra-se diante do altar e reza por alguns instantes, enquanto toda a assembleia se coloca de joelhos. Logo após, dirigindo--se à presidência, reza a oração que conduz a assembleia celebrante ao momento da liturgia da Palavra.

Nesta temos a oportunidade de escutar o Profeta Isaías que fala, já no Antigo Testamento, sobre a figura do servo sofredor, passando pela Carta aos Hebreus que, no Novo Testamento, testemunha a obediência de Cristo ao Pai que nos ensina a obedecer aos seus ensinamentos como caminho para alcançarmos a salvação. O ápice desse momento se dá com a proclamação da paixão de Jesus segundo o Evangelho de João. A comunidade que escuta a narrativa da paixão, no momento da morte de Jesus, é chamada, em sinal de reverência, a colocar-se novamente de joelhos, deixando que, por alguns minutos, o silêncio envolva toda a comunidade.

Outro momento da celebração é o da paixão invocada. Aqui a Igreja faz a sua oração universal. Esta expressa a consciência que a comunidade eclesial tem da universalidade da salvação que Cristo oferece a todos os homens. São dez as orações em que se recorda a Igreja, os cristãos, os não cristãos, aqueles que não acreditam em Deus, os que são esquecidos, os que passam pelas mais variadas tribulações e os que exercem cargos públicos (AUGÉ, 2011, p. 146).

A Igreja que invoca é a comunidade que também venera o santo madeiro. Por isso, outro momento dessa celebração é o da paixão venerada. A cruz coberta é entronizada em meio à assembleia. O presidente da celebração, ou um diácono que o auxilia, introduz a cruz com o crucificado, cantando por três vezes: "Eis o lenho da cruz, no qual pendeu a salvação do mundo". E toda assembleia responde: "vinde adoremos". Após a entronização da cruz, todos são convidados a adorá-la, aproximando-se dela para tocá-la ou osculá-la, em sinal de respeito e veneração.

O mistério da cruz contemplado conduz a assembleia ao último momento dessa ação litúrgica: a paixão comungada. Agora toda a assembleia é chamada a aproximar-se da mesa da comunhão para partilhar do pão vivo descido do céu, consagrado na celebração da Ceia do Senhor e adorado ao término desta. Após receber a comunhão, a comunidade é despedida; o silêncio não é rompido, mas se intensifica ainda mais com o intuito de nos colocar diante do túmulo do Senhor que nos ajuda a contemplar o mistério da semente de trigo que cai na terra e, para dar os seus frutos, é preciso que morra.

Um sábado vivido na expectativa da vida que vencerá a morte

O Sábado Santo é um dia marcado pela força do silêncio contemplativo. Nesse dia, a Igreja se coloca em atenta vigília. Vivendo a expectativa da ressurreição do Senhor. A tradição mais antiga da Igreja nos ensina que era nesse dia que se celebrava o Batismo daqueles que por um longo tempo se preparam para serem acolhidos no meio da comunidade dos discípulos do Senhor. Agostinho, no século IV, afirmava que essa é a "mãe de todas as vigílias". Contudo, já no século III havia documentos que atestavam elementos dessa celebração como:

a prática do jejum, a oração, a Eucaristia, o Batismo, com a bênção da fonte batismal, o útero da Igreja.

Com o passar do tempo, muitos outros elementos foram sendo incorporados a essa celebração como: no século IV, o precônio pascal ou anúncio da Páscoa do Senhor; no século V, a bênção do fogo novo e o acendimento do círio pascal, que eram colocados nas Igrejas, ao lado do ambão da leitura, para recordar o Cristo Ressuscitado. Geralmente, o círio pascal costumava ter a medida de uma pessoa.

Um pouco antes do Concílio Vaticano II, o Papa Pio XII recuperou a prática de celebrar a Vigília Pascal na noite do sábado, como momento específico para a proclamação da força de Deus que fez rolar a pedra do túmulo e devolveu a vida a seu amado Filho.

A Igreja hoje divide essa celebração em quatro momentos unidos profundamente entre si: a bênção do fogo novo, a liturgia da Palavra, a liturgia batismal e a liturgia eucarística (MADURGA, 1999, p. 82).

O primeiro momento da Vigília Pascal é a bênção do fogo novo. A comunidade envolvida pelo silêncio do luto pela morte do Senhor se reúne e, após abençoar o fogo novo, acende o círio pascal, que representa a nova luz que rompe as trevas da morte para indicar a vida nova que a todos vem por meio da ressurreição do Senhor. O círio pascal aceso indica que o Senhor ressuscitou, que a vida venceu a morte. É colocado no meio da assembleia e indica, do alto do presbitério, que essa é uma noite de alegria, que o Senhor venceu a força do mal, unindo assim o céu e a terra. Após a entronização do círio pascal, é entoado o *Exultet* ou o anúncio da Páscoa. O cântico recorda a ação salvífica de Deus que, em seu Filho amado, atingiu a sua plenitude.

Tendo feito o anúncio da Páscoa do Senhor, a comunidade reunida é exortada a escutar a proclamação das leituras. A liturgia da Palavra é composta por sete leituras do Antigo Testamento e duas do Novo. A cada leitura proclamada, entoa-se um salmo responsorial, seguido por uma oração. A indicação dessas orações já aparece nos primeiros sacramentários da Igreja. O conteúdo das leituras nos ajuda a fazer memória da história da salvação que tem o seu início no ato criativo de Deus relatado no Livro do Gênesis, passando pela Páscoa dos hebreus, até atingirmos a nova Páscoa celebrada pelo Cristo, em favor dos seus irmãos. O silêncio contemplativo que nos colocou diante do mistério da morte é rompido pelo canto do hino de louvor, que proclama que a Vigília Pascal é uma noite de luz e de alegria. O espaço que foi desnudado para celebrar o mistério da morte agora se reveste de adornos indicando que o Senhor está vivo, o noivo se faz presente, por isso é preciso fazer festa, cantar aleluia. A vida superou a morte. É essa a grande verdade que a todos precisamos comunicar.

Nessa noite bendita da ressurreição do Senhor, a comunidade cristã, seguindo uma antiga tradição, acolhe novos filhos para a fé. Esse é um dia oportuno para celebrar de modo especial o Batismo dos adultos que percorreram um caminho catecumenal. E para os que já foram batizados, é um momento especial de renovação das promessas batismais. Alguns nessa noite nascem para uma vida nova. Pela água do Batismo começam a fazer parte do corpo místico de Cristo, que é a Igreja. Outros são aspergidos com a água abençoada retirada da fonte batismal, fazendo-os recordar os compromissos batismais. Isto é, a comunidade cristã não segue uma ideia, mas uma pessoa, o Cristo Ressuscitado, vida nova para todos. "Banhada em Cristo", toda a comunidade cristã é chamada a ser o novo povo da Aliança.

Como corpo místico do Senhor, a Igreja precisa, além do alimento da Palavra, ser nutrida pela Eucaristia. Por isso, nessa noite bendita, a comunidade eclesial é chamada a celebrar a liturgia eucarística como o ápice da solenidade pascal. Pois a Eucaristia é para toda a Igreja o ponto de chegada e de partida, o memorial da Páscoa do Senhor.

A Vigília Pascal é o ápice do Ano Litúrgico. É momento oportuno de renovação da fé de uma comunidade que assume a missão de continuar os passos do Ressuscitado, renovando em cada ação litúrgica a presença do Senhor, que na última ceia deixou um mandato aos seus discípulos: "fazei tudo isto em memória de mim".

Tempo da Páscoa

> O Cristo, ressuscitado dos mortos, já não morre; a morte não tem mais poder sobre Ele, aleluia! (Rm 6,9).

Sabemos pela história da liturgia que, já no século III, a comunidade cristã vivia a prática de celebrar durante cinquenta dias a Páscoa do Senhor. O conteúdo desse tempo era composto pela celebração da memória da Páscoa do Senhor, de sua Ascensão e vinda do Espírito Santo sobre a comunidade cristã. No século IV, encontraremos um testemunho que afirma a existência de uma oitava da Páscoa, que tinha por finalidade celebrar e festejar a acolhida dos novos membros da comunidade eclesial (MADURGA, 1999, p. 84).

O Domingo de Páscoa na Ressurreição do Senhor forma um todo com a Vigília Pascal. A comunidade ainda se encontra envolvida pela alegria da ressurreição do Senhor e, como as primeiras mulheres e discípulos, que foram ao túmulo, para ver o seu Senhor, esta é convidada a romper o medo da perseguição, das forças contrárias ao Evangelho, para proclamar a todos que a vida venceu a morte. O círio que acendeu as velas da assembleia na noite da Vigília Pascal continua a brilhar, a indicar que a luz de Deus que jamais se apaga agora permanece acesa eternamente entre nós, guiando toda a humanidade para o dia final.

"Cristo ressuscitou verdadeiramente, aleluia!" É essa a verdade que todos somos chamados a proclamar. A Igreja nesse tempo litúrgico é chamada a celebrar cinquenta dias como um único domingo.

A comunidade eclesial nesses cinquenta dias, por meio da liturgia da Palavra, é convidada a seguir os passos do Ressuscitado. A primeira leitura apresenta sempre um texto tirado dos Atos dos

Apóstolos, relatando as primeiras experiências de uma comunidade que agora é chamada a continuar os passos de seu fundador e a levar a todos os seus ensinamentos. Os evangelhos relatam os encontros do Ressuscitado com os seus discípulos, na Galileia, no caminho de Emaús, no Cenáculo, com Tomé e no lago, enquanto os discípulos estavam pescando. No quarto domingo desse tempo escutamos o Evangelho que nos fala do Bom Pastor, motivando toda a comunidade cristã a rezar pelas vocações sacerdotais, religiosas e laicais. No quinto domingo do Tempo Pascal, segundo o ciclo anual das leituras, há os evangelhos que nos apresentam o Cristo como o caminho, como a videira e o seu mandamento do amor. Já o sexto domingo pascal nos apresenta o discurso de partida ou despedida de Jesus.

No sétimo domingo pascal celebramos a solenidade da Ascensão de Jesus aos céus. Antes de retornar para a casa do Pai, Jesus ressuscitado faz a promessa de enviar dos céus o Espírito Paráclito, aquele que virá em socorro da comunidade que agora é chamada a testemunhar, a dilatar o Reino de Deus a todos os povos. A Ascensão do Senhor convida a comunidade cristã a refletir sobre a experiência que todos os seus membros farão no dia final. Por hora, como membros dessa comunidade continuamos os passos de Jesus, como peregrinos neste mundo. Temos os nossos olhos voltados para os céus, mas os nossos pés fixos neste mundo buscam transformá-lo por meio do anúncio e vivência da Palavra, a fim de já vivermos aqui antecipadamente o que desfrutaremos plenamente na eternidade.

O coroamento do Tempo Pascal é a Solenidade de Pentecostes. Nesta, a comunidade reunida celebra a memória do dia que Maria e os discípulos estavam reunidos no cenáculo e sobre todos pousou o Espírito de Deus. Todas as ações litúrgicas e missionárias da Igreja são marcadas pela presença do Espírito, o qual impulsiona a comunidade a caminhar, distribuindo dons, carismas e ministérios que devem ser colocados a serviço da profecia e realização de novos tempos. Ao final da celebração dessa solenidade, a comunidade simbolicamente apaga o círio pascal, que brilhou por durante cinquenta dias ao lado da mesa da Palavra. O gesto nos recorda que aquela luz externa agora deve se acender em nossos corações e, sob o impulso do Espírito Santo, devemos nos deixar guiar pela força do Evangelho, com o intuito de sermos sal, luz e fermento do Reino em nosso mundo.

A celebração do Tempo Pascal nos recorda uma grande verdade. Somos o povo da nova e eterna Aliança. Por isso, devemos caminhar nos passos do Ressuscitado e na esperança torná-lo amado, conhecido e vivido por todos.

Tempo Comum

O Tempo Comum tem o seu início um dia após a Festa do Batismo do Senhor e se estende até a terça-feira que antecede a Quarta-feira de Cinzas, quando celebramos o início da Quaresma. Depois é retomado um dia após a Solenidade de Pentecostes se estendendo até o sábado, antes das primeiras vésperas do primeiro domingo do Tempo do Advento. Ao todo são 34 semanas em que a comunidade eclesial não se dedica a celebrar apenas um aspecto específico da vida de Jesus; mas, auxiliada pela escuta da Palavra, é convidada a celebrar o mistério pascal, refazendo os passos de Jesus no exercício de sua vida pública, ao lado dos seus discípulos (cf. LEIKAM, 2004, p. 181).

Para que a comunidade refaça e celebre os passos de Jesus no cumprimento da sua missão de anunciar o Reino, a Igreja propõe para o Tempo Comum uma leitura semicontínua dos evangelhos e das epístolas em três ciclos tendo em vista que as leituras do Antigo Testamento estão em unidade com os evangelhos (ILM, n. 67). Desse modo, para o ano A é proposto o Evangelho de Mateus; para o ano B, o de Marcos, porém, por ser um texto menor, nesse ano propõem-se também alguns trechos do Evangelho de João; para o ano C, o Evangelho de Lucas.

Cada um dos evangelhos sinóticos nos apresenta elementos da ação missionária de Jesus que nos ajudam a celebrar o Ano Litúrgico como momento de atualização da ação salvífica de Deus na história, por meio do seu Filho presente e vivo em cada membro da comunidade eclesial que se deixa guiar pelos ensinamentos que brotam do anúncio da Palavra do Senhor.

O Tempo Comum é um momento oportuno em que a Igreja contempla a sua vida missionária, como continuação e atualização da própria obra missionária iniciada por Jesus, transmitida por Ele aos apóstolos e que a nós chegou por meio de tantas testemunhas que não pouparam sequer as suas vidas a fim de podermos conhecer a força transformadora do Evangelho que é o próprio Cristo. A Palavra viva e eterna do Pai não passa pela vida da comunidade eclesial sem a interpelar a buscar novas atitudes em vista da concretização plena do Reino de Deus.

Celebrando o mistério pascal de Cristo como momento da atualização da ação salvadora de Deus, a Igreja celebra nesse tempo algumas solenidades e festas com datas móveis e outras com datas fixas. Todas elas fazem referência ao mistério de Cristo, atuado na história da Igreja, chamada a ser sacramento de salvação no mundo. Abaixo buscamos registrar essas solenidades e festas, que nos introduzem e ajudam a celebrar o mistério da nossa fé.

Solenidades com datas móveis no Tempo Comum

Santíssima Trindade

A Solenidade da Santíssima Trindade é celebrada sempre no primeiro domingo após a solenidade de Pentecostes. À luz da Palavra de Deus e das orações que compõem o formulário para essa celebração, a comunidade eclesial é chamada a meditar sobre o mistério da Trindade na vida, na obra e na missão da Igreja. O prefácio para a celebração da Eucaristia desse dia nos recorda que Deus com o seu Filho único e com o Espírito Santo é um único Deus, em três pessoas. É em nome da Santíssima Trindade que a Igreja se reúne para celebrar o mistério da fé. Em nome do Deus uno e trino, ela acolhe, por meio do Sacramento do Batismo, novos filhos e filhas para a fé. Toda a sua ação pastoral-missionária é realizada em nome do Pai que nos criou, do Filho que nos ama infinitamente e do Espírito Santo que nos faz caminhar sem temer os desafios da missão.

Nessa solenidade renovamos como cristãos o compromisso de continuarmos anunciando a Trindade como a comunidade perfeita que nos convoca na fé a edificarmos um novo mundo, marcado pela unidade, e nos conduz à vivência da comunhão, entre os irmãos.

Corpus Christi

Na quinta-feira após a solenidade da Santíssima Trindade, a Igreja celebra a Solenidade de *Corpus Christi*. Nesta a comunidade cristã é convocada para meditar sobre o mistério do corpo e do sangue de Cristo. Essa solenidade nos faz recordar a instituição da Eucaristia que celebramos na noite da Quinta-feira Santa. Como discípulos de Jesus, somos convidados a nos alimentarmos do corpo e do sangue do Senhor, pois são alimentos que nos oferecem a vida eterna.

Não é por acaso que Jesus escolheu esses dois sinais para se oferecer como alimento aos seus discípulos. O pão e o vinho são dois alimentos sagrados em diversas culturas. José Aldazábal, ao tratar do tema da Eucaristia, assim se expressa:

> Os sinais escolhidos por Cristo têm uma clara intenção de alimento e bebida para o ser humano, necessários à sobrevivência, e compreendem ao mesmo tempo uma série de dimensões simbólicas que enriquecem notavelmente a base humana do sacramento (ALDAZÁBAL, 2002, p. 303).

Seguindo uma antiga tradição da Igreja, nessa celebração a comunidade, além de participar da mesa do banquete, é convidada também a se colocar em procissão e adorar o Senhor no pão consagrado que, do seu altar, abençoa toda a assembleia reunida em seu nome, para por meio dele fazer chegar ao Pai os seus louvores. Com o salmista podemos cantar nessa celebração a grande certeza: "o Senhor alimentou o seu povo com a flor do trigo e com o mel do rochedo o saciou" (Sl 80,17).

Celebrar o corpo e o sangue do Senhor é ampliar cada vez mais a consciência eclesial de que a Igreja é chamada a realizar a sua tarefa missionária a partir da Eucaristia, que deve ser sempre o ponto de chegada e de partida de toda obra cristã. Ela "é o cume para o qual tende toda a ação da Igreja e, ao mesmo tempo, a fonte de que promana sua força" (SC 10). A celebração desse mistério sempre nos recordará que em Cristo formamos um só corpo, que necessita ser alimentado, fortalecido, pelo pão vivo descido do céu. O alimento que nos oferece a vida eterna.

Sagrado Coração de Jesus

Na sexta-feira após o segundo domingo depois de Pentecostes, a Igreja é chamada a voltar os seus olhares para o Sagrado Coração de Jesus, que nos revela o coração amoroso do Pai. A antífona de entrada dessa celebração nos introduz no mistério que celebramos nesse dia: "eis os pensamentos do seu Coração que permanecem ao longo das gerações: libertar da morte todos os homens e lhes conservar a vida em tempo de penúria" (Sl 32,11.19). A vida e a obra missionária de Jesus foram um longo trabalho para oferecer a todos, por meio do anúncio do Reino, a verdadeira vida.

A celebração dessa solenidade exorta toda a comunidade cristã a se consagrar ao coração daquele que, ferido por nossos pecados, não se cansa jamais de se apresentar como o caminho que conduz ao

Pai. Se desejamos uma vida nova, é a estrada de Cristo que devemos percorrer para atingirmos a eternidade. Por isso, em nossos corações devemos deixar ecoar o grande convite do Sagrado Coração: "Se alguém tiver sede, venha a mim e beba. Daquele que crê em mim, brotarão rios de água viva" (Jo 7,37-38).

O Sagrado Coração de Jesus é muito venerado por toda a Igreja. Todavia, além de venerá-lo, os cristãos precisam se deixar conduzir pelo seu inesgotável amor, a fim de terem um coração manso e humilde, sinal de novos tempos.

Cristo Rei do Universo

A Solenidade de Cristo Rei foi introduzida na liturgia em 1925 pelo Papa Pio XI. Nesta a Igreja celebra a realeza de Cristo, marcando assim a conclusão do Ano Litúrgico. O Livro do Apocalipse nos ajuda a compreender o conteúdo teológico dessa solenidade. "O Cordeiro que foi imolado é digno de receber o poder, a divindade, a sabedoria, a força e a honra. A Ele a glória e poder através dos séculos" (Ap 5,12).

O reinado de Jesus, conforme a liturgia desse dia, não se iguala aos reinados deste mundo. A sua realeza se dá em congregar todos os povos em torno do Pai. Conduzindo toda a criação à sua plenitude, recordando ao homem e à mulher que neste mundo somos peregrinos, e, enquanto não atingimos a plenitude da vida, somos convidados em Cristo a vencer todas as forças que tentam nos escravizar.

Deus não nos criou para sermos um povo de escravos, mas para uma vida em liberdade. Essa vida livre de qualquer forma de coerção nos vem do Cristo que, reinando sobre todo o universo, nos convida a edificar uma nova sociedade onde a pessoa humana é vista e respeitada na sua integridade.

No último dia do Ano Litúrgico, a Igreja celebra o dia dos leigos, recordando a missão de todos os cristãos batizados que, na diversidade dos ministérios, são chamados a se fazerem presentes em diversas realidades do mundo. Estabelecendo canais de diálogo entre a Igreja e o mundo. Tornando o Cristo Rei, nosso libertador e salvador, conhecido e amado por todos.

Solenidades e festas com dias fixos no Tempo Comum

Durante o Tempo Comum, a Igreja é convidada a celebrar algumas solenidades e festas com datas fixas. Todas elas fazem referência ao mistério de Cristo.

Festa da Apresentação do Senhor

No dia 2 de fevereiro a Igreja celebra a Apresentação do Senhor. Após quarenta dias do nascimento de Jesus, Maria e seu esposo José vão ao Templo para apresentar o Menino. Oferecem ao Senhor um par de rolas, a oferenda dos pobres (cf. Lc 2,22-39). O sacerdote que toma o menino em seus braços é Zacarias. Tendo o Menino Deus diante dos seus olhos, canta a certeza de que agora o Pai poderia deixá-lo partir em paz, pois ele já havia contemplado e acolhido em seus braços o Salvador da humanidade. Mas a Virgem Mãe haveria de sofrer, pois uma espada de dor lhe traspassaria o coração.

Nessa festa, a Igreja celebra a esperança dos pobres na pequena criança de Belém que se encarnou no ventre de Maria. Trazendo a novidade do Evangelho que, para alguns, ressoaria como a possibilidade de uma vida nova e, para outros, uma ameaça à manutenção das estruturas geradoras de morte que feriam a beleza da criação.

Solenidade da Anunciação do Senhor

Nove meses antes do Natal do Senhor, 25 de março, a comunidade eclesial celebra a memória da visita do Anjo Gabriel à Virgem Maria.

Maria era uma jovem anônima. Certamente dedicava-se, ao lado de sua mãe Ana, aos serviços da casa. O que sabemos por meio da história é que esta jovem de Nazaré era temente ao seu Senhor. Por isso, ao ser visitada pelo anjo anunciador, cujo nome Gabriel significa Deus tudo pode, e escutar o relato dos propósitos do Senhor para a sua vida, ela, mesmo tendo dúvidas de como tudo se daria, disse o seu sim (cf. Lc 1,26-38).

Ao celebrar o sim de Maria ao Senhor, a Igreja recorda que a encarnação de Jesus não nasceu de um projeto humano, mas do desejo de Deus de vir ao encontro dos seus filhos. O Senhor, na plenitude dos tempos, visitou aquela que Ele desde o princípio preparou para ser a mãe do seu Filho amado. No sim de Maria, a vida de muitos. Em seu gesto de total entrega ao seu Senhor, contemplamos o nascimento da primeira discípula de Jesus.

A solenidade da Anunciação do Senhor reacende em toda a Igreja a esperança que não passa. Aquele que está para chegar vem para fazer crepitar a chama da fé, da esperança e da caridade. Para despertar na consciência dos seus discípulos que a celebração memorial do anúncio da sua encarnação ainda hoje deve nos inspirar na busca e conquista do Reino.

São Pedro e São Paulo

Trilhando os passos de Jesus, a Igreja celebra no dia 29 de junho, ou no domingo seguinte, como é o caso do Brasil por razões pastorais, a Solenidade dos Apóstolos Pedro e Paulo. Nessa celebração a comunidade eclesial faz memória desses dois apóstolos que contribuíram frutuosamente com a obra missionária do Senhor.

A Pedro, o Senhor confiou o serviço de animação e coordenação do grupo dos apóstolos e de sua Igreja nascente. A Paulo, a tarefa da pregação do Evangelho, sobretudo entre os gentios, fazendo dele fundador e animador de novas comunidades que se dedicaram com esmero ao anúncio do Ressuscitado.

Na solenidade desses apóstolos, a Igreja celebra e recorda a sua identidade missionária. Desde o princípio a comunidade cristã foi sempre chamada a continuar os passos de seu fundador. A vida e a obra dos apóstolos Pedro e Paulo nos ajudam a tomar consciência da nossa vocação à vida missionária. Anunciar o Evangelho é missão de todos os batizados que são convocados a viverem na unidade, sob a animação daquele que hoje é aqui na terra o sucessor de Pedro, o papa.

Transfiguração do Senhor

No dia 6 de agosto, por meio da Festa da Transfiguração do Senhor, a Igreja recorda o episódio do Tabor. Levando três de seus discípulos à montanha, o Senhor, estando lá com eles, se transfigura diante deles, preanunciando-lhes o que seria a sua paixão, morte e ressurreição. Não é por acaso que Jesus faz subir a montanha com Ele Pedro, João e Tiago (cf. Lc 9,28-36).

Esses três discípulos, mesmo participando muito de perto da vida de Jesus, não haviam compreendido o que era ser discípulo do Senhor. Por isso, maravilhados com o que contemplavam diante dos olhos, logo propuseram a Jesus que se estabelecessem na montanha. Todavia, o Senhor aproveita aquele momento para lhes mostrar que ainda era necessário percorrer uma longa estrada de serviço de anúncio do Reino.

A Festa da Transfiguração do Senhor nos exorta a celebrar a certeza da vida eterna para todos. No entanto, para que a alcancemos, é necessário nos dedicarmos como Jesus à evangelização, superando todas as tentações que possam nos seduzir a ficar na montanha, enquanto muitos ainda precisam escutar a mensagem do Evangelho.

Exaltação da Santa Cruz

No dia 14 de setembro, vivendo o Tempo Comum, a comunidade eclesial é chamada a celebrar a Festa da Exaltação da Santa Cruz. A cruz, como nos ensina o Ritual de Batismo, "é o sinal dos cristãos". Os cristãos, motivados pelo Cristo, são convidados a abraçar a cruz, se de fato desejam ser os seus discípulos.

Abraçar a cruz significa assumir a missão de Jesus, sem temer as forças que se levantam contra o anúncio do Evangelho. Celebrar a Exaltação da Santa Cruz é reconhecer que foi por meio desse instrumento de condenação que Jesus nos libertou. O Justo foi condenado pelos nossos pecados e, pendente na cruz, nos ofereceu uma nova vida.

O mistério que celebramos nessa festa nos ajuda a compreender que a cruz, depois da morte de Jesus, já não é mais instrumento de condenação, mas de libertação de todas as amarras que nos impedem de viver com fidelidade a missão de continuadores dos passos do Senhor.

Todos os Santos

O Concílio Vaticano II recorda que todos nós somos vocacionados a uma vida de santidade. Por isso, além das festas particulares de cada santo, a Igreja, na vivência do Ano Litúrgico, nos convida a celebrar, no dia 1° de novembro, a Solenidade de Todos os Santos.

A celebração dessa solenidade recorda a toda comunidade cristã a vocação universal à santidade que se realiza em nosso constante desejo de nos assemelharmos a Cristo (LG 40). A busca constante de vivermos em Cristo e a partir dele realizarmos a nossa missão não nos torna maiores do que os nossos outros irmãos, mas nos insere em uma atividade missionária que nos faz destemidos missionários do Senhor.

Os santos que celebramos na Igreja não são maiores do que o Cristo, mas atuam como sinais indicativos de como podemos chegar a Ele. Eles são reflexos da luz de Cristo a nos mostrar a estrada que devemos percorrer aqui nesta terra para atingirmos a eternidade, que é o fim último de todos os cristãos.

Comemoração de Todos os Fiéis Defuntos

Anualmente no dia 2 de novembro a Igreja celebra a memória de todos os fiéis defuntos. Estes foram homens e mulheres que passaram por este mundo e adormeceram na paz do Cristo. Nesse dia a comunidade eclesial celebra a memória daqueles que já fizeram a sua passagem e agora aguardam o dia do juízo final, a fim de desfrutarem do lugar que o Senhor preparou para todos.

A morte para os cristãos não é o findar da vida, mas a abertura das portas do céu para um encontro definitivo com o Senhor. A Tradição da Igreja nos transmitiu que o dia da morte de um cristão é o dia do seu nascimento. Por isso, com o Apóstolo Paulo proclamamos nesse dia uma grande certeza: "Como Jesus morreu e ressuscitou, Deus ressuscitará os que nele morreram. E, como todos morreram em Adão, todos em Cristo terão a vida" (1Ts 4,14).

Nesse dia os fiéis peregrinos, rezando pelos fiéis defuntos, pedem com sinceridade de coração que o Senhor os escute, aumentando em seus corações a fé no Cristo Ressuscitado, a fim de que amplie e torne mais viva a certeza da ressurreição dos filhos e filhas de Deus. Rezar pelos fiéis defuntos é interceder para que todos atinjam o céu, a vida em plenitude dada por Deus, o justo juiz.

A celebração da memória da Virgem Maria durante o Ano Litúrgico

A Virgem Maria, desde o princípio da Igreja, caminhou e evangelizou com os discípulos de seu amado Filho. São muitos os textos evangélicos em que a mulher bendita de Nazaré é apresentada entre aqueles que assumiram a missão de testemunhar a mensagem do Ressuscitado. Desde as primeiras comunidades até os nossos dias, Maria sempre foi recordada pela vida litúrgica da Igreja. A exortação apostólica do Papa Paulo VI sobre a reta veneração da Virgem

Maria, a *Marialis Cultus*, nos apresenta um rico conteúdo teológico, litúrgico e pastoral de como a Igreja deve venerar aquela que, dizendo sim ao seu Senhor, se fez toda do Pai, a fim de que ele pudesse vir ao encontro da humanidade. Paulo VI na celebração dos 10 anos de conclusão do Concílio Vaticano II nos lembra que Maria é a Estrela da Evangelização (*EN* 82).

São muitas as solenidades e festas que recordam a participação de Maria na história da salvação. Os textos bíblicos e formulários propostos para essas celebrações não apresentam a Virgem no centro dessa história de amor de Deus pela humanidade, revelada por seu Amado Filho, mas ela é apresentada como um sinal que nos indica o Cristo como o nosso ponto de chegada: "fazei tudo o que Ele vos disser" (Jo 2,5). Por isso, podemos afirmar que as solenidades e festas marianas, no seu sentido mais profundo, encontram-se fundamentadas na celebração do mistério pascal, testemunhado, por meio da vida daquela que a Igreja reconhece como a primeira missionária de Cristo.

Para a celebração da memória da Virgem Maria durante o Ano Litúrgico a Igreja nos oferece os formulários que encontramos no Missal Romano com as respectivas leituras apresentadas pelo lecionário e também um Missal Mariano e um Lecionário com orações e leituras, que nos ajudam a celebrar, por meio de alguns títulos marianos, a participação de Maria no plano salvífico do Senhor.

Anualmente a Igreja celebra três grandes solenidades marianas que nos recordam três dos quatro dogmas marianos de nossa fé. Em 1º de janeiro a comunidade cristã celebra a solenidade de Santa Maria Mãe de Deus, recordando a maternidade divina de Maria. No dia 15 de agosto, a Igreja recorda a Assunção de Maria aos céus. Após sua vida terrena, a Virgem bendita entre todas as mulheres é elevada, pelo próprio Deus que tanto a amou, para junto de si de corpo e alma, indicando que um dia faremos a mesma experiência de nascermos eternamente para Deus. No dia 8 de dezembro, a Igreja celebra a

Imaculada Conceição de Maria. Essa solenidade nos ajuda a rezar e meditar a certeza de que o Senhor, desde o princípio, escolheu o coração de uma pequenina jovem de Nazaré. Ele a preparou para que, livre da mancha do pecado, na plenitude dos tempos, ela pudesse trazer ao mundo o justo que libertaria a humanidade da força do pecado. Na esteira das celebrações marianas, a Igreja, no dia 31 de maio, celebra a Festa da Visitação de Maria à sua prima Isabel e, no dia 8 de setembro, a Festa da Natividade da Virgem de Nazaré. Ainda são propostas algumas memórias obrigatórias como: Santa Maria Rainha, Nossa Senhora das Dores, Nossa Senhora do Rosário, Apresentação da Virgem Maria, Imaculado Coração de Maria e Bem-Aventurada Virgem Maria Mãe da Igreja. O calendário litúrgico propõe também algumas memórias facultativas como: Nossa Senhora de Lourdes, Nossa Senhora do Carmo, Dedicação da Basílica de Santa Maria Maior, Nossa Senhora de Fátima e Nossa Senhora de Guadalupe.

A celebração da memória da Virgem Maria durante o Ano Litúrgico nos ajuda a compreender como Deus, de muitos modos, foi agindo por meio de pessoas para que o seu projeto de redenção atingisse todos os corações. Em Maria, contemplamos o modelo perfeito do discipulado do Senhor. Em sua vida e sua presença entre os discípulos das primeiras horas, encontramos o frutuoso testemunho que deve nos animar, na procura de levar a todos a mensagem do Evangelho. Em Maria tudo se refere ao Cristo.

A festa dos santos e santas de Deus

Seguindo uma tradição muito antiga, a Igreja sempre buscou venerar os homens e mulheres que cooperaram frutuosamente com o serviço do anúncio do Evangelho. A história da Igreja nos relata que, desde muito cedo, as comunidades cristãs começaram a prestar culto àqueles que, por meio do martírio, derramaram seu sangue a fim de fazer frutificar a semente do Evangelho. Essa tradição foi se ampliando cada vez mais na Igreja, chegando até os nossos dias.

Celebrar a vida de santidade da Igreja nos recorda que somos todos chamados a uma vida de santidade. A Igreja, na sua renovação litúrgica, procurou organizar o seu calendário santoral de forma que este não ofusque a celebração do mistério pascal. Nesse calendário são valorizados não apenas os santos mais conhecidos pela sua antiga história, mas homens e mulheres de todos os tempos e de todos os estados de vida que, por terem se orientado pelo Evangelho, são apresentados como exemplos de como hoje podemos nos assemelhar ao Santo dos Santos, o Cristo Jesus.

Os santos e as santas nos recordam sempre que, em nossa vida de fé, seguimos o Cristo. É a Ele que somos chamados a anunciar e testemunhar das mais diversas formas enquanto caminhamos neste mundo rumo aos céus. Os santos nos ajudam a compreender o grande pedido de Jesus aos seus discípulos: "sede santos como o Pai do céu é santo" (Mt 5,48). A santidade não é um atributo apenas para alguns, mas para todos os batizados.

3
A santificação do tempo: a Liturgia das Horas

A prática da oração sempre esteve presente na vida dos discípulos de Jesus. São muitos os testemunhos do Novo Testamento que nos apresentam Jesus recolhendo-se em oração a sós ou convidando os seus discípulos para se dirigirem com Ele a lugares mais tranquilos, a fim de dialogarem com o Pai. Nos Atos dos Apóstolos, entre as inúmeras qualidades das primeiras comunidades, o autor ressalta a assiduidade na oração (cf. At 2,42). Esse testemunho bíblico, entre tantos outros, nos ajudam a intuir que, desde o seu início, a vida do cristão foi marcada por uma constante ação oracional. Aliás, os discípulos de Jesus vieram de um povo que sabia o valor e a riqueza de uma vida de oração.

"Ouve, Israel, o Senhor é nosso Deus, um é o Senhor!" (Dt 6,4). Muitos são os meios de que podemos nos utilizar para escutar o Senhor, todavia, o mais pertinente é o da oração. Pois na oração nos silenciamos para ouvir o Senhor, nos recolhemos para acolhê-lo verdadeiramente, em espírito e verdade. Esse versículo bíblico extraído do Livro do Deuteronômio nos coloca na dinâmica oracional do povo de Israel. Deus, mesmo diante das infidelidades dos seus filhos, não se cansa de construir com eles uma relação dialogal que os convida a escutá-lo. É por meio do convite à escuta que Deus faz chegar ao coração desse povo o conhecimento dos seus mandamentos, do caminho que Ele propõe para que todos possam desfrutar de novos tempos.

O Deus que convida o seu povo ao exercício da escuta oracional é o mesmo que escutou os clamores dos seus filhos, partilhando de seus sofrimentos. Por isso, vem em socorro desse povo por meio dos patriarcas e profetas para anunciar-lhe novos tempos. Todavia, a ação salvífica de Deus não se resume ao Antigo Testamento. Na plenitude dos tempos, o Senhor único que convidou o seu povo a escutá-lo atentamente já não falou mais pelos profetas, mas Ele mesmo veio ao encontro dos seus filhos por meio do Filho, nascido de uma mulher, Jesus Cristo.

Tendo nascido em meio a um povo que rezava e que experimentava essa prática em diversos momentos do seu dia, Jesus viveu e testemunhou grandes momentos oracionais. A oração sacerdotal presente no Evangelho de João é um dos mais belos e expressivos testemunhos (cf. Jo 17,1-13). Mas o testemunho de uma vida intensa de oração em Jesus encontrará outros espaços entre os autores dos evangelhos. Jesus ensina que o mal só pode ser banido pela oração, que a cura só acontece quando se tem fé, que a libertação total e plena do homem só se realiza quando este consegue escutar o seu Senhor. Tudo isso se realiza por meio da oração.

Entre os testemunhos da necessidade dos discípulos, a exemplo do mestre, de alimentarem uma vida de oração, dois devem ser colocados em relevo. Um dia, estando recolhido em oração, Jesus, ao término da sua meditação, foi motivado por um de seus discípulos a ensiná-los a rezar. O mestre com poucas palavras, os ensina a construir uma relação muito íntima com Deus ao exortá-los a chamá-lo de Pai (cf. Lc 11,1-4). Todavia, esse não foi o único momento em que os discípulos indagaram o seu Senhor sobre a importância de uma vida intensa de oração. Outro discípulo, preocupado em saber sobre os momentos em que deveria rezar, lhe perguntou qual era o tempo e a quantidade que deveria rezar. Mais uma vez como um grande mistagogo, o mestre responde que não existe um momento específico para nos dirigirmos ao Pai. Como seus discípulos, devemos rezar sempre (cf. 1Ts 5,17), e a qualidade da nossa oração não se encontra em nossa capacidade de jogar com as palavras, mas na sinceridade do nosso coração que se eleva com amor ao Senhor e espera por Ele ser acolhido (cf. Lc 18,1-8).

A partir da vida orante de Jesus, sobretudo conforme apresentada pelo Evangelista Lucas, a Igreja, desde a sua gênese, buscou desenvolver uma intensa e assídua prática de oração. Entretanto, essa prática teve como alicerce o modo de rezar do povo hebreu, que se desenvolveu e assumiu outras características a partir daqueles que, seguindo os passos de Jesus, colocaram-se a serviço do seu mistério pascal em favor da edificação do Reino de Deus.

A oração que nasceu a partir da tradição hebraica e que se revestiu de novos elementos a partir da fé em Cristo foi denominada pela Igreja como Liturgia das Horas. Por meio dessa oração, a Igreja responde positivamente ao mandato de Jesus de vigiarmos sempre na oração. Nas linhas que seguem, desejamos apresentar a história, os elementos e a espiritualidade da oração da Igreja que, de dia ou de noite, encontra-se sempre na presença do seu Senhor a fim de interceder em favor de seus membros. Pois já de antemão podemos afirmar: "a oração pública e comunitária do povo de Deus é considerada uma das principais funções da Igreja" (IGLH, n. 1). Somos em síntese uma Igreja que, no exercício da sua missão, se encontra sempre em oração, pois as ações litúrgicas serão sempre momentos de atualização do memorial da nossa salvação.

A gênese da Liturgia das Horas

Jesus nasceu em meio a um povo que tinha uma prática constante de oração. Muitos são os salmos que nos confirmam isto, um deles nos testemunha: "Seja bendito o nome do Senhor, desde agora e para sempre; do nascer do sol até o poente, seja louvado o nome do Senhor!" (Sl 113,2-3). O povo da Antiga Aliança sempre se colocava pela manhã e ao cair da tarde na presença do seu Senhor, para louvá-lo e bendizê-lo. Pela manhã, ofereciam ao Senhor um sacrifício de louvor (cf. Sl 5,3) e pela tarde rezavam: "Suba a minha prece como incenso em tua presença, minhas mãos erguidas como oferta vespertina" (Sl 141,2). Os salmos faziam parte da vida do povo de Deus e retratavam, de uma forma poética, a vida e a história da relação orante desse povo com o seu Senhor.

No exercício da sua missão como plenamente judeu, Jesus e seus discípulos, seguindo a tradição judaica, rezavam os salmos. Em muitas situações narradas pelos evangelhos, Jesus se utiliza dos textos sálmicos para formar na fé os seus discípulos. Certamente na experiência familiar o Senhor, o Verbo encarnado do Pai, rezou os salmos com seus familiares e amigos.

Os primeiros cristãos receberam de Jesus um ensinamento sobre o valor e a importância da vida de oração, mas a estes Ele não deixou uma estrutura oracional organizada. Coube aos primeiros cristãos a organização dos textos e a construção de um esquema de oração que pudesse revelar o novo modo de rezar dos discípulos do Ressuscitado.

> Foram as primeiras gerações que cobriram esse vazio, aprofundando o ensinamento e o exemplo de Jesus Cristo no contexto da tradição judaica na qual o mesmo Senhor tinha vivido a sua relação com o Pai por meio da oração. De fato, muitos elementos formais e de conteúdo da oração de Jesus e dos primeiros cristãos procedem do ambiente humano e religioso do povo judaico, ao qual Ele pertencia e que tinha uma longa e profunda experiência de oração (AUGÉ, 1992, p. 228).

A oração foi um elemento essencial na vida das primeiras comunidades, pois o próprio Jesus havia deixado para elas um testemunho frutuoso sobre a riqueza de uma vida oracional bem alicerçada, como modo de relacionamento com o Senhor. O próprio Evangelho de Lucas nos apresenta um Jesus orante. Os Atos dos Apóstolos registram os discípulos que continuam o legado oracional do Mestre. Pedro e Paulo sobem ao Templo para a oração da hora nona. Ali encontraram sentado à porta do Templo um aleijado. A ele não ofereceram dinheiro, mas o que tinham de mais valioso, Jesus Cristo. O aleijado se levantou e saiu andando (cf. At 3,1-11). Se encontramos nos evangelhos e nos Atos dos Apóstolos textos que nos apontam que os cristãos iam ao Templo para rezar, com o passar do tempo, tal prática começou a diminuir e os discípulos do caminho, como os seguidores de Cristo eram chamados num primeiro momento, foram estruturando o seu modo específico de rezar.

Faz-se necessário ressaltarmos que os cristãos aos poucos, por meio de alguns termos que aparecem no Novo Testamento, como rezar sem cessar, orar dia e noite, assíduos na oração, foram tomando consciência de que deveriam perseverar, a exemplo de Jesus, na prática da oração contínua. "Jesus e os primeiros cristãos observaram a prática judaica de rezar em determinados momentos do dia" (AUGÉ, 1992, p. 229). Como nos testemunha o Livro de Daniel, os judeus conheciam três momentos de oração durante o dia:

> Ao saber que o documento havia sido assinado, Daniel subiu para a sua casa. As janelas do seu aposento superior estavam orientadas para Jerusalém e, três vezes por dia, ele se punha de joelhos, orando e confessando o seu Deus: justamente como havia feito até então (Dn 6,11).

Entre os estudiosos não existe um consenso sobre as horas de oração existentes no judaísmo no tempo de Jesus. Todavia, parece certo de que o louvor da manhã e o louvor da tarde eram prática comum entre o povo da Aliança desse tempo.

Devemos salientar que os primeiros cristãos foram bem criativos na fase inicial da história da oração cristã. E um elemento fundamental era o da oração ininterrupta que ajudou a determinar o tempo e o ritmo da oração dos discípulos de Cristo. A liberdade dos cristãos em criar o seu modo ritual de rezar ao Pai se deu sob o impulso do Espírito Santo que animou e encorajou os discípulos no anúncio da mensagem do Senhor ressuscitado.

Aos poucos, em torno do século III, foram aparecendo os primeiros textos com as orações cristãs. Estas traduziam em textos a mensagem do Ressuscitado e, pouco a pouco, foram se transformando nos textos oficiais para o culto cristão. É nesse tempo que surgem as bases da oração que a Igreja oficializou como a Liturgia das Horas.

As horas e seus significados

Das primeiras comunidades até o século IV, uma das grandes preocupações dos cristãos, no que se refere à Liturgia das Horas, foi a de buscar as justificativas para a sua razão de existir, sobretudo o sentido das horas ou dos momentos que os discípulos de Jesus reservavam durante a jornada diária para rezar. Cada hora adquiriu um sentido religioso e espiritual. Porém esse sentido não emergiu apenas do simbolismo da noite e do dia, mas da recordação de eventos bíblicos, da vida e da obra missionária de Jesus e daqueles que receberam a missão de continuá-la, os apóstolos. Nesse período, começa-se a elaborar uma teologia do tempo "mostrando como todas e cada uma das horas têm um valor simbólico-sacramental, isto é, sinal de salvação" (AUGÉ, 1992, p. 230).

Uma das grandes riquezas desse tempo para a Liturgia das Horas será a reflexão dos Padres da Igreja. Com o intuito de responder positivamente ao ensinamento de Jesus sobre a oração constante, fazia-se necessário estabelecer horários fixos de oração. A oração deveria ser uma ação permanente na vida dos cristãos.

As horas canônicas

Laudes (oração da manhã):	6:00h
Terça:	9:00h
Sexta:	12:00h
Nona:	15:00h
Vésperas (oração da tarde):	18:00h
Completas:	antes de dormir

Clemente de Alexandria defendia que o verdadeiro cristão deveria rezar assiduamente. Ele foi o primeiro a testemunhar a prática, dentro de alguns grupos, da oração das nove horas, das doze horas e das quinze horas. Tertuliano foi o primeiro a interpretar as três horas diurnas buscando os seus fundamentos nas Sagradas Escrituras. Entretanto, ele afirmava que essas três horas não eram obrigatórias; porém, ao lado dessas, existiam duas horas legítimas de oração: a oração da manhã e a oração da tarde e a oração da vigília. Já Hipólito de Roma, na esteira de Tertuliano, defendia duas horas legítimas de oração pela manhã e pela noite. Todavia, na *Tradição apostólica* há outros momentos oracionais que os cristãos deveriam fazer, mas de forma privada, como: antes de dormir, à meia noite, antes de se levantar, às nove horas, às doze horas e às quinze horas. Tanto Tertuliano como Hipólito concordavam na existência de seis horas: oração da manhã, oração da tarde, as três orações diurnas e a vigília.

Em síntese, para os Padres da Igreja esses momentos oracionais representavam o constante esforço dos cristãos em rezar sem cessar. Alimentando sempre a consciência da importância da oração para a vida e a missão da Igreja.

O caminho histórico da organização da Liturgia das Horas

A organização da Liturgia das Horas toma um novo impulso a partir do século IV. Duas serão as formas principais de organização da oração cristã das horas que encontraremos nesse tempo. A primeira se deu em torno do bispo e de seu presbitério, denominado ofício da catedral. A segunda será a partir das comunidades monásticas, que dará origem ao ofício monástico.

No ofício da catedral, as duas principais orações eram a da manhã e a da tarde, que depois passaram a ser denominadas laudes e vésperas. Todavia, os cristãos eram chamados para outros momentos de oração como as vigílias, em vista da preparação para a celebração do dia do Senhor, bem como para os dias festivos.

Já o ofício monástico era composto pelas orações da manhã, da tarde, das três horas diurnas e mais tarde juntou-se a estas a oração primeira, antes da oração da manhã, e a oração das completas, que encerrava o ciclo oracional diário. São Bento, o pai do monaquismo no Ocidente, em sua regra ofereceu um esquema perfeito de estrutura da oração das horas. O ofício organizado por Bento seguia o seguinte esquema: 150 salmos espalhados pelo raio de uma semana, em diversas horas, hinos e leituras com responsórios.

O encontro da tradição monástica com a tradição da catedral deu origem ao esquema do Ofício ou a Liturgia das Horas, que chegou até os nossos dias. Porém, se do século IV ao IX assistimos um grande desenvolvimento no esquema e na prática da oração das horas, do século X ao XVI essa oração vai passar por um momento obscuro. "De uma parte a sobrecarga de horário e conteúdo do ofício, e de outra a abolição de sua referência ao ritmo natural das horas" (AUGÉ, 1992, p. 233).

Aos poucos rezar a oração das horas foi se tornando um fardo para o clero, a quem competia também o cuidado das pessoas. Depois, para se celebrar o Ofício de um modo solene, exigia-se o uso de vários livros, nos quais podia se encontrar as partes que compunham a oração das horas. Entre os séculos XI e XII, aumentaram os lamentos sobre as dificuldades de se rezar essa oração da Igreja. Pouco a pouco, foi surgindo um cenário que pedia a revisão das regras e do próprio conteúdo dos momentos oracionais a fim de promover mais tranquilamente essa oração.

Após a reforma da cúria romana engendrada pelo Papa Leão IX, este começou a rezar a oração das horas, com a presença dos seus colaboradores, na capela de seu palácio dedicada a São Lourenço. Um século depois, o Papa Inocêncio III promoveu o nascimento do Breviário[4] da cúria romana. Nesse livro encontravam-se todos os elementos necessários para a oração do ofício. Mas esse livro passou por muitas revisões até chegar no famoso Breviário de Pio V, de 1568, que foi estabelecido para toda a Igreja.

A difusão desse Breviário trouxe algumas consequências para a oração das horas. Primeiro, essa oração perdeu o seu caráter de oração comunitária, para ser feita privadamente. Em segundo lugar, como a oração das horas em privado foi equiparada à oração comunitária, perdeu-se também o sentido de rezá-la, no ritmo natural das horas de um dia. Ainda no final do século XVI, uma prática da piedade popular de recitar o Ângelus ao meio-dia e a Ave-Maria ao cair da tarde faz com que duas horas do ofício sejam deixadas de lado.

O que vemos nesse período que vai do século X ao XVI é um esvaziamento do sentido da oração cristã das horas. Muitos acabam rezando o ofício mais por obrigação do que por um desejo de fazer chegar ao Pai um louvor agradável por meio da oração dos salmos.

---

4 Nome dado ao livro onde se encontram os textos da Liturgia das Horas, e que acabou por designar a própria oração. O nome "Breviário" provém do século XI, quando apareceu um livro que continha todos os textos necessários para o Ofício Divino, que condensava num só volume o que até então se encontrava repartido por vários livros. Por ser mais "breve" e prático, passou a ser conhecido por esse nome, que se manteve até a última reforma litúrgica, para designar cada um dos volumes: *Breviarium Romanum*.

Será preciso surgir um novo tempo de renovação da vida litúrgica da Igreja para resgatar o sentido dessa oração e a sua importância para se viver também a dinâmica memorial do Ano Litúrgico como momento de atualização da história da salvação por meio dessa oração, pensada desde a sua origem como um grande patrimônio espiritual para toda a comunidade eclesial.

O Concílio Vaticano II e a promoção da Liturgia das Horas

O Concílio Vaticano II não representou apenas um ponto de partida. Precisamos ressaltar que um conjunto de muitos elementos provocou a sua realização. No campo da ciência litúrgica, esse momento de passagem do Espírito de Deus pela vida da Igreja emerge de um profundo desejo de retorno às fontes. A Igreja precisava recuperar o sentido mais profundo da celebração do mistério pascal. Era necessário recuperar a beleza, a nobreza e a simplicidade das ações litúrgicas experimentadas pelos cristãos das primeiras horas.

Já não era mais possível aceitar uma liturgia que não promovesse uma participação ativa, frutuosa e consciente de todos os fiéis. Na esteira da renovação litúrgica promovida pelo Vaticano II encontraremos no quarto capítulo da *Sacrosanctum Concilium* uma sequência de artigos que nos apontam os elementos teológicos, a importância e como deveria se dar o processo de renovação dessa milenar oração da Igreja.

A proposta de renovação dessa oração em suas horas, partes e conteúdos partiu do princípio que era necessário torná-la mais acessível a toda comunidade cristã, que é chamada a se colocar em uma atitude de constante oração a exemplo de Jesus, na presença do Senhor.

A tradição antiga organizou o ofício de maneira a consagrar ao louvor divino todo o tempo do dia e da noite. Os sacerdotes e todos os que na Igreja são oficialmente dedicados a essa função e os próprios fiéis que adotam essa forma comprovada de oração, ao se dedicarem convenientemente a esse admirável cântico de louvor, são a voz da esposa que fala ao Esposo, ou mesmo a oração do próprio Cristo que se dirige ao Pai por meio de seu corpo (*SC* 84).

Todos os membros da Igreja são chamados a rezar essa oração. Desse modo, a fim de promover o acesso de todos, além de ressaltar o valor pastoral da oração das horas, a Igreja apresenta também quais seriam os elementos a serem revistos nessa oração, com o escopo de fazer aparecer o mistério pascal celebrado e atualizado por meio dessa oração (cf. *SC* 86-87).

Para isso foram revistas as horas (cf. *SC* 89). Os salmos foram distribuídos no arco de uma semana; alguns, por causa do seu conteúdo, foram retirados. As horas foram enriquecidas com novos textos bíblicos para melhor acesso e meditação da Palavra de Deus. Ao ofício das leituras foram acrescentados textos dos Padres da Igreja, de hagiografias e do magistério eclesiástico. Os hinos foram revistos para fazer aparecer a rica tradição teológica da Igreja.

O Concílio recordou também a obrigatoriedade de alguns grupos de rezar diariamente o Ofício em nome de todo o corpo místico de Cristo (cf. *SC* 95-98). A fim de recuperar o sentido de oração comunitária e pública de toda a comunidade cristã, a *Sacrosanctum Concilium* recordou a importância de se rezar ao menos uma parte do Ofício em comum (cf. *SC* 99).

A constituição sobre a liturgia ainda recorda aos pastores a necessidade de se promover, sobretudo aos domingos, a participação dos leigos na recitação do Ofício, principalmente nas laudes e nas vésperas (cf. *SC* 100). Em vista de uma participação ativa, frutuosa e consciente o Concílio alertou sobre a necessidade de traduzir o Ofício para as diversas línguas, com o intuito de torná-lo acessível a todos (cf. *SC* 101a). E, uma vez acessível, deveria ser celebrado por todos os membros da comunidade cristã.

A comissão responsável pela renovação do ofício produziu um laborioso e valioso trabalho de recuperação do sentido dessa oração para a história da oração cristã. A nova Liturgia das Horas foi promulgada em 1970 juntamente com a constituição apostólica *Laudis Canticum* e a sua publicação se deu em 11 de abril de 1971. Sobre a nova edição da Liturgia das Horas em quatro volumes assim se expressou o Papa Paulo VI:

> Por meio do novo livro da Liturgia das Horas que agora estabelecemos, aprovamos e promulgamos com nossa autoridade apostólica, ressoe ainda mais esplêndido e belo louvor divino na Igreja do nosso tempo. Unindo-se ao que os santos e anjos cantam nas moradas celestes, e crescendo em perfeição no decorrer dos dias deste exílio terreno, aproxime-se cada vez mais daquele louvor pleno, eternamente tributado "Àquele que está sentado no trono e ao Cordeiro" (*LC* 6).

Os elementos rituais da nova Liturgia das Horas

O rito da Liturgia das Horas é composto por alguns elementos que nos ajudam a rezar o mistério pascal a partir do signo da luz de uma jornada. Como nos afirma Valeriano Costa em seu ensaio sobre a Liturgia das Horas:

> Enquanto entoamos salmos, hinos e antífonas e ouvimos belíssimas leituras em torno de Jesus Cristo e do seu mistério pascal, podemos ver a noite se tornando dia, como um anúncio da encarnação e da ressurreição, ou aliviar o peso do meio-dia, geralmente luminoso por fora, mas às vezes nebuloso dentro de nós, como uma experiência indicativa do Calvário; ou ainda ver o dia se tornando noite, ao que resistimos proclamando que Jesus é nossa luz pascal e o dia que não tem fim. Essa é uma das mais belas experiências de fé que a liturgia da Igreja, pela celebração das horas, nos proporciona diariamente (COSTA, 2007, p. 13).

Ao celebrarmos por meio de ritos e preces a Liturgia das Horas, os elementos que a compõem nos ajudam a nos sentir uma Igreja, corpo místico orante. Rezamos sem cessar, nos quatro cantos do mundo, a fim de atualizarmos, na nossa jornada diária, o mistério da nossa salvação. Buscando viver o dia em um relacionamento profundo com Cristo, luz de todos os povos.

Ao rezarmos: "desde a manhã te apresento a minha oferenda", proclamamos que o dia, desde o início, foi consagrado a Deus e continuado pela oração litúrgica em comunhão com Ele, pois fico à tua espera, Senhor. Então o estado de oração permaneceu em nós, de tal forma que foi estabelecida uma contínua vigília (COSTA, 2007, p. 14).

Vigiar na prática da oração, eis aqui um dos grandes convites que Jesus faz aos seus discípulos. A oração das horas nos ajuda a viver essa atitude de vigilância de modo que não nos deixemos guiar por outras propostas que possam nos desviar de Cristo, nosso projeto de vida.

Olhemos um pouco mais de perto os elementos que compõem a Liturgia das Horas e que nos ajudam a nos colocarmos na presença daquele que é a verdadeira luz do mundo, o sol que não tem ocaso, a luz que expulsa as trevas de nossas vidas.

Os hinos são composições poéticas com um conteúdo profundamente teológico que, ao início de cada oração, nos exortam a elevar ao Pai uma prece de louvor. Eles ajudam o orante a compreender o sentido da hora que está sendo celebrada. Na nova Liturgia das Horas encontramos muitos textos antigos, bem como novas redações que contemplam também as diversas realidades culturais onde os cristãos recitam a oração que busca consagrar todos os momentos de um dia ao Senhor. A Igreja, ao adotar novos hinos, levou em consideração se o seu conteúdo deixava claro o sentido teológico da hora e do tempo litúrgico celebrado.

Entre as orações mais antigas que conhecemos se destacam os salmos. Eles retratam e a vida e história de fé de um povo que soube se confiar ao seu Senhor. Os salmos são orações bem antigas; mas, ao mesmo tempo, são bem atuais, pois podemos nos ver nesses textos. A Liturgia das Horas nos convida, ao rezarmos os salmos, a estabelecer com eles uma relação de intimidade. Dessa intimidade, brotam os nossos louvores, pedidos, intercessão, atitude de reconhecimento de nossas faltas e tantos outros gestos que nos ajudam a entender que necessitamos de Deus, por isso, desde a manhã até o final do dia devemos buscá-lo e viver a jornada diária em sua presença. Por meio dos salmos, podemos dialogar com o Senhor, que não se cansa de nos escutar em seu amor. A fim de facilitar a oração dos salmos, na oração das horas eles foram divididos em quatro semanas em cada uma das horas que somos chamados a rezar desde ao nascer até o pôr do sol. No ritmo da luz de um dia, esses momentos nos ajudam a viver o mistério da paixão, morte e ressurreição de Jesus. Os salmos pela sua própria natureza devem ser cantados o quanto possível. Ao rezarem os salmos os cristãos são chamados a recitá-los à luz do mistério pascal de Cristo.

Com o intuito de auxiliar a comunidade cristã a rezar os salmos, à luz do mistério pascal de Cristo, a Liturgia das Horas nos oferece três elementos: as antífonas, os títulos e as coletas sálmicas. Unidos aos títulos, encontramos sempre textos retirados do Novo Testamento ou dos Padres da Igreja que nos ajudam a compreender o mistério da Revelação de Deus ao povo da Nova Aliança por intermédio do seu Filho, que veio para congregar todos os povos em um só coração e espírito. Cada salmo é também dotado de uma antífona que auxilia na compreensão do gênero literário do salmo, colocando em relevo algum elemento importante para aquele ou para a comunidade que o reza. E, por fim, temos as coletas sálmicas, que são propostas por um suplemento do livro da Liturgia das Horas. Estas desejam ajudar aqueles que rezam os salmos a interpretá-los em um sentido cristológico.

A Liturgia das Horas também nos oferece, ao lado dos salmos, alguns cânticos do Antigo e do Novo testamentos, sobretudo para as orações das laudes e das vésperas. Pela manhã, rezamos sempre cânticos extraídos do Antigo Testamento e, pela tarde, cânticos do Novo Testamento. Os cânticos nos ajudam a rezar e a compreender a história da salvação que, na paixão, morte e ressurreição de Cristo, atingiu a sua plenitude.

Na Liturgia das Horas encontramos um precioso elenco de leituras. Para o ofício das leituras, foram escolhidos textos mais longos das Sagradas Escrituras, bem como textos hagiográficos, do magistério eclesial e da tradição dos Santos Padres. Já para as outras seis horas de oração, foram escolhidos textos bíblicos denominados leituras breves. Longas ou breves, o que ressaltamos é que o novo elenco de leituras possibilitou aos cristãos um contato maior com as Sagradas Escrituras e tradição teológica da Igreja.

O responsório é um pequeno texto que rezamos após a proclamação da leitura e tem por finalidade nos ajudar na interiorização da Palavra anunciada. Esse pequeno versículo nos convoca também a um silêncio orante, que nos ajuda a acolher a palavra que nos é oferecida pelo próprio Senhor que nos convoca à oração.

Na oração das laudes, das vésperas e das completas, o rito nos propõe a recitação de um Cântico Evangélico, próprio para cada uma dessas horas indicadas. Nas laudes, rezamos o *Benedictus*; nas vésperas, o *Magnificat*; e o Cântico de Zacarias, antes de nos entregarmos ao merecido repouso. Esses hinos nos ajudam a rezar e meditar a ação salvadora de Deus que contou com a participação de muitos homens e mulheres que acolheram Jesus como o nosso Salvador e Redentor.

Para as laudes e as vésperas é proposto um formulário com preces. Pela manhã, a comunidade é chamada a invocar o Senhor para que possa abençoá-la em suas mais diversas atividades a serem realizadas no nascer de um novo dia. Pela tarde, a mesma comunidade, intercede por todas as necessidades da Igreja, que recorda a morte do seu Senhor, mas também reza por aqueles que já fizeram a sua experiência pascal, os nossos irmãos falecidos. As preces colocadas pela manhã e pela tarde nos recordam a vocação orante da Igreja que busca acompanhar e interceder pelos seus filhos.

As preces tanto nas laudes como nas vésperas são concluídas com a grande Oração do Senhor ou o Pai-nosso. Essa oração nos recorda que somos filhos de Deus, e essa filiação nos faz uma única família, que em Cristo forma um único corpo a serviço do Reino de Deus.

Para concluir a celebração das horas, para cada momento oracional a ser celebrado durante o dia, é proposta uma oração final. Esta se encontra sempre em sintonia com o próprio do tempo litúrgico ou a festa dos santos.

As horas litúrgicas sempre se encerram com a bênção ou refrão, que tem como objetivo recordar a presença do Senhor que sempre protege e guarda os seus filhos que o invocam com espírito de fé e oração. Mas essa conclusão também é um convite para que vivamos tudo aquilo que celebramos em cada uma das horas, também denominadas horas canônicas.

Além dos textos que compõem os ritos próprios de cada hora, que somos chamados a celebrar no decurso de uma jornada diária, o rito apresenta também algumas posturas corporais que o orante deve ter. A oração começa sempre com a assembleia em pé, recordando a postura daqueles que se colocam numa atitude de escuta e disponibilidade para sair para anunciar o que vai ser celebrado. Os salmos e cânticos são recitados ou cantados com a assembleia sentada, mostrando o recolhimento necessário para se interiorizar a Palavra rezada. Nas laudes e vésperas, as preces e os cânticos evangélicos são rezados com a comunidade em pé. Em todas as outras horas, essa mesma posição persiste durante a oração final, lembrando-nos de

que é a hora de partirmos rumo aos nossos irmãos para anunciar-
-lhes a força da palavra rezada e meditada em cada momento do dia.

Como podemos observar, cada elemento da Liturgia das Horas exerce uma função mistagógica: nos introduz ao coração do mistério pascal, razão e alicerce de toda a nossa experiência cristã. Por meio desses elementos, rezamos com Cristo, cabeça do corpo místico, e, por meio dele, fazemos chegar a Deus o nosso mais sincero louvor.

O significado teológico e espiritual da Liturgia das Horas

A liturgia deve ser compreendida e buscada pelos cristãos como uma grande fonte de espiritualidade. Quando a compreendemos, podemos afirmar que se trata de uma oração ao Pai por Jesus no Espírito Santo. "A Liturgia das Horas tem uma primeira dimensão trinitária, que é, ao mesmo tempo, cristológica e pneumatológica. Nesse sentido, a Liturgia das Horas reflete o colóquio amoroso e eterno entre as pessoas divinas" (MARTÍN, 2006, p. 428).

Ao rezarmos a Liturgia das Horas, devemos recordar sempre que essa oração é trinitária. Por isso, toda a sua teologia nos convoca a um verdadeiro processo de santificação do dia e do mundo no qual nos encontramos inseridos e somos convocados a realizar a missão que o Senhor nos confia.

Além de ser uma oração trinitária, a Liturgia das Horas nos ensina que essa é a oração que toda a comunidade cristã é chamada a fazer em nome da Igreja. "É a prece da Igreja que se realiza com a Igreja e em nome da Igreja. Essa última expressão não deve ser entendida limitan-do-a ao mandato jurídico ou delegação que a Igreja dá a certas pessoas especialmente obrigadas à sua celebração" (MARTÍN, 2006, p. 428).

Uma Igreja que reza é também chamada a tomar consciência de que, por meio da oração da Liturgia das Horas, ela é convocada a trabalhar pela santificação do tempo e de toda a existência humana.

Santificar o tempo e dedicá-lo ao serviço de Deus e dos homens é vivê-lo como um espaço de graça e uma oportunidade da salvação. É glorificar o Pai e Jesus Cristo, submetendo a Ele todas as coisas, para que toda existência fique impregnada de louvor, de súplica e de ação de graças e o cristão possa fazer de sua vida uma oferenda santa e agradável a Deus e culto espiritual. Por isso, a Igreja insiste em que a celebração do Ofício Divino se faça no tempo que mais se aproxime do momento verdadeiro de cada hora canônica (MARTÍN, 2006, p. 430).

A Igreja que reza em favor da santificação do tempo também se coloca em oração em prol da santificação da existência. E "se a oração das horas santifica a existência, isso se aplica principalmente a todos aqueles a quem de modo especial se confiou a celebração da Liturgia das Horas [...] em prol da grei e de todo o Povo de Deus" (MARTÍN, 2006, p. 431).

Ainda devemos recordar que essa oração alimenta a vida pastoral da Igreja, a qual é chamada a exercer o seu serviço de anúncio do Evangelho tendo a liturgia como ponto de chegada e de partida para a realização da sua obra missionária. A Igreja que alimenta a sua vida espiritual por meio da sua oração litúrgica consegue compreender que a oração das horas tem também um caráter escatológico. À medida que rezamos os salmos, escutamos ou lemos as leituras bíblicas, hagiográficas ou da tradição da Igreja, vamos alimentando em nossos corações a esperança do Reino de Deus que se realizará plenamente no fim dos tempos.

Tendo visto rapidamente a teologia e espiritualidade que comporta a Liturgia das Horas, podemos agora olhar o sentido e espiritualidade de cada uma das sete horas diárias de oração propostas a toda a Igreja, para a santificação do tempo e da existência, onde Deus se manifesta.

O ofício das leituras nos coloca diante da Palavra do Senhor, de textos hagiográficos, dos Padres da Igreja e do magistério eclesiástico. Essas leituras nos ajudam a refletir sobre a importância e o valor sacramental da Palavra do Senhor em nossa vida cristã. Nessa hora, o orante é convidado a fazer a experiência da *lectio divina*, permitindo que Deus fale ao seu coração e alimente nele e na comunidade em oração o desejo de uma vida a serviço do anúncio da Palavra lida e meditada. Essa hora, que pode ser rezada em qualquer momento do dia, nos ensina que a Igreja se alimenta e vive da Palavra do seu Senhor. Esse testemunho se torna evidente nos textos dos Padres da Igreja, na leitura extraída da vida dos santos e do magistério eclesial.

As laudes são um dos mais importantes momentos da Liturgia das Horas. Essa oração é sempre feita nas primeiras horas do dia. Os textos nela presentes nos recordam a vida que vence a morte. Por isso, a recitação dessa hora nos coloca, no nascer de um novo dia, diante do mistério da ressurreição do Senhor. Recorda-nos a experiência das santas mulheres que, na manhã do terceiro dia, foram logo cedo ao túmulo para visitarem o seu Senhor e, quando lá chegaram, viram que o lugar onde tinham colocado o Mestre estava vazio. Nessa oração a Igreja invoca a presença do seu Senhor a fim de testemunhá-lo no decorrer do dia em tudo aquilo que ela é chamada a realizar em favor da construção do Reino de Deus.

Convocada a rezar constante e assiduamente, a Liturgia das Horas propõe à comunidade cristã três momentos oracionais diurnos, denominados horas médias ou terça, sexta e nona. Na hora nona, recordamos o Espírito Santo, para que, impelidos por Ele, possamos proclamar a verdade do Evangelho. A hora sexta nos coloca diante do mistério da cruz, recordando que foi nessa hora que Jesus, por amor à humanidade e pela sua salvação, foi elevado no santo madeiro, que antes da sua entrega era um objeto de condenação e agora, a partir da sua morte, se transforma em trono da graça. Na hora nona, celebramos a morte de Cristo, expressão máxima do amor do Pai por todos os seus filhos.

A oração das vésperas ao cair da tarde coloca a comunidade cristã diante do mistério da morte do Senhor. Mas esse momento de oração nos convida também a agradecer pelo dia que se finda e por tudo aquilo que pudemos realizar em favor do anúncio do Reino de Deus. Todavia, essa hora também nos coloca diante do mistério daquilo que podemos esperar como cristãos. A morte de Cristo não é o fim da vida, mas a realização plena de um projeto de salvação que encontra na ressurreição a sua plena expressão.

As laudes e as vésperas são as duas orações principais da Liturgia das Horas. Todas as outras horas se organizam em torno desses dois momentos que nos recordam luzes e trevas, morte e vida, esperança e salvação.

Após um dia de muitas atividades, a comunidade cristã se coloca mais uma vez na presença do seu Senhor para se penitenciar pelas faltas cometidas durante a jornada e consagrar a Ele o repouso merecido. Essa oração é denominada completas. Logo no seu início, a comunidade é chamada a se reconciliar com o Senhor e entre os seus membros e, logo após, por meio do hino, do salmo, da leitura e do Cântico Evangélico, consagrar a Deus a noite que Ele mesmo oferece para o repouso de seus filhos. Entretanto, a noite sempre se apresenta ao homem com os seus mistérios, que geram no coração humano muitos sentimentos de insegurança. Por isso, invoca-se a presença do seu Senhor, a fim de transcorrer uma noite calma e serena e, uma vez revigorados no corpo, os cristãos possam cantar, no nascer de um novo dia, os louvores ao seu Senhor.

A Igreja propõe aos seus filhos que rezem além das laudes e das vésperas um dos momentos da hora média e a oração das completas. A fim de que toda a jornada de um dia seja vivida na presença de Cristo, o qual nos convida do nascer ao pôr sol a louvar o nome bendito do Pai.

A oração da Igreja nos convoca a sermos um só corpo

Ao tratarmos do tema da Liturgia das Horas, desejamos mais uma vez insistir que esta é uma oração da Igreja, que nos recorda que, formando um único corpo, tendo Cristo como nossa cabeça, somos convidados a sermos uma Igreja em oração. A sermos um único corpo a serviço da construção do Reino de Deus. Formar um único corpo a serviço de Deus não se constitui como uma tarefa muito fácil. Isso exige de cada pessoa uma disponibilidade para a acolhida dos apelos que o Espírito faz a cada um de nós. Hoje mais do que nunca faz-se necessário que os pastores, coordenadores de comunidades, religiosos e religiosas, leigos e leigas redescubram o valor da Liturgia das Horas como fonte de espiritualidade cristã. Essa oração não pode ser acolhida por nós como algo que nos pesa, um momento não muito prazeroso de oração. Devemos sim compreendê-la como um momento forte de profecia que coloca em evidência a disposição de uma Igreja que, há mais de dois mil anos do nascimento de Jesus, segundo seu exemplo e dos primeiros cristãos, se coloca em oração, consciente de que tudo que fazemos no decorrer de um dia deve ser consagrado ao Senhor. Do despontar do sol no Oriente até o seu repousar no Ocidente, como Igreja orante, corpo místico de Cristo, desejamos louvar, bendizer e invocar sempre a presença do Senhor entre nós.

No ritmo da luz de um dia e da vida que em cada amanhecer nos mostra a força da ressurreição do Senhor, enquanto não chega o dia final, continuamos caminhando na presença do Pai por meio da oração. Alimentando em nossos corações, de esperança em esperança, a certeza do dia final.

O Ofício Divino das Comunidades

Ainda nos cabe deixar uma palavra sobre o esforço de inculturação da Liturgia das Horas para as comunidades católicas do Brasil. Na década de 1980, um grupo de liturgistas certos do valor e da importância de uma Igreja que reza constantemente, tendo como base a oração das horas, propôs para as comunidades católicas da Terra de

Santa Cruz um esquema oracional denominado Ofício Divino das Comunidades. A estrutura das orações existentes nesse livro levou em consideração a participação ativa, frutuosa e consciente de toda a comunidade cristã.

O Ofício foi construído levando em consideração o conteúdo do Ano Litúrgico da Igreja, com todos os elementos que o compõem. Por isso, nele encontramos um esquema oracional adaptado a um grupo de cristãos que muitas vezes não consegue fazer muitas paradas durante o dia para fazer chegar por Cristo um louvor agradável ao Pai. Desse modo, oferece-se uma oração para a manhã e outra para o cair da tarde, bem como um esquema de vigília para se preparar o domingo ou os dias festivos.

No livro encontramos um esquema que motiva uma oração pessoal antes da oração comunitária, que, de preferência, deve ser celebrada em comunidade ou em família. Logo após a preparação pessoal para a oração, a comunidade entoa um canto de abertura, bem fácil de ser cantado pela sua forma repetitiva que contribui para que todos sejam envolvidos na oração. Após abertura pela manhã somos convidados a fazer memória da vida, a recordar fatos vividos pela comunidade, nos mais diversos contextos, nome de pessoas pelas quais queremos interceder e realidades que evocam a oração da comunidade. Na oração da tarde, a comunidade é chamada a fazer a revisão do dia, acolhendo em seu coração a misericórdia do Senhor.

Após esse momento, a comunidade é chamada a cantar um hino. Trata-se de hinos que não são de origem bíblica, mas que nasceram posteriormente como expressão da fé de uma comunidade que, a exemplo das primeiras, canta a Palavra de Deus em versos e prosa. Segundo o exemplo da Liturgia das Horas, o Ofício Divino convida também à oração dos salmos, que alimentou a vida dos nossos pais na fé e das comunidades que nasceram como continuidade da missão de Jesus.

A comunidade em oração é chamada a alimentar-se ainda mais da Palavra do Senhor, por meio da escuta da leitura bíblica, da meditação dessa Palavra e pelo cântico evangélico, que nos recorda que tudo tem o seu princípio e fim, em Cristo. A comunidade à luz da Palavra de Deus eleva ao Pai as suas preces, reconhecendo-se necessitada da graça do Senhor.

A oração é concluída com a bênção, que sempre nos coloca em missão. A oração não termina com a bênção, mas esse momento é sinal de que somos chamados a viver como uma Igreja discípula-missionária que encontra na oração uma grande fonte de espiritualidade, um momento plausível para a geração de novos discípulos e diálogo com o Senhor que todos os dias vem ao nosso encontro.

4
O tempo litúrgico no ritmo da vida

Santificar o dia por meio da Liturgia das Horas

A primeira maneira que temos de viver a espiritualidade de cada dia do Ano Litúrgico, em união com a Igreja de todo o mundo, é rezando a Liturgia das Horas. Como visto, essa é a oração própria da Igreja, rezada constante e ininterruptamente sobretudo pelos religiosos e religiosas e todo o clero. Por ser a oração da Igreja, é a oração de todo cristão, não devendo ficar privada aos mosteiros, conventos, casas religiosas e seminários. Deve ser conhecida por todo batizado, por leigos e leigas, que no ritmo do seu dia podem também incorporar a oração da Igreja em alguns momentos de sua rotina diária.

Como já dito, a Igreja propõe a todos os batizados que rezem as duas horas maiores: laudes (manhã) e vésperas (tarde) e mais um dos momentos da hora média e a oração das completas. Sabendo da impossibilidade de os cristãos leigos e leigas pararem em todos esses momentos do dia para rezar, por causa da correria e dos inúmeros afazeres do trabalho e do cuidado da vida familiar, sugerimos que escolham ao menos um dos horários propostos pela Liturgia das Horas para rezarem individualmente ou em família.

Desse modo, aconselhamos aos que ainda não conhecem essa forma antiquíssima de oração da Igreja que busquem a ajuda de um padre ou dos religiosos mais próximos a fim de aprenderem a dinâmica da oração das horas e, enfim, possam rezá-la. Além do livro próprio, publicado na versão completa em quatro volumes conforme o calendário litúrgico (vol. I: Ciclo do Natal; vol. II: Ciclo da Páscoa; vol. III: 1ª à 17ª semana do Tempo Comum; vol. IV: 18ª à 34ª semana do Tempo Comum) e em uma versão simplificada com apenas um volume, é possível encontrar livretos impressos mensalmente já com as principais horas da Liturgia para ser rezada e também aplicativos para celular e páginas na internet, ajudando os que desejam se unir ao louvor de Deus pela Liturgia das Horas.

Celebrar o domingo, Páscoa semanal dos cristãos

O domingo é um dia especial para os cristãos, pois é quando toda a comunidade eclesial se reúne para celebrar a memória da paixão, morte e ressurreição do Senhor. A assembleia congregada pelo Pai compartilha da mesa da Palavra e da mesa da Eucaristia. Esse encontro fraterno é uma resposta positiva ao mandato de Jesus na última ceia: "fazei isto em memória de mim".

> O que Cristo fez naquela noite, nós o fazemos. "Podeis beber a taça que vou beber?" O Espírito nos dá audácia e a inconsciência de responder: "Podemos!" Com a graça de Deus. Refazer os gestos de Jesus, o pão e o vinho compartilhados, repetir suas palavras, em nosso tempo, em nossa língua. Na lógica da encarnação, com Deus exposto aos acasos da história dos homens, a celebração da missa é certamente a mesma para todos, em todos os tempos (BÉGUERIE & BEZANÇON, 2016, p. 8).

Os documentos mais antigos da Igreja testemunham como os primeiros cristãos foram assimilando o domingo como o dia do encontro da comunidade para o ágape fraterno e para a pausa semanal. Os encontros celebrativos aconteciam de um modo espontâneo, sem grandes esquemas celebrativos. Todavia, com o passar do tempo, a comunidade, para bem celebrar a sua Páscoa semanal, foi elaborando os seus ritos, preces e gestos. Tudo isso foi inundado por um valioso conteúdo teológico nascido de um processo de amadurecimento teológico, que buscou dar à fé nascente os seus fundamentos essenciais.

Após o Concílio Vaticano II, a Igreja buscou, ao rever os seus ritos e preces e o seu próprio calendário litúrgico, recuperar a centralidade e a importância do domingo como o dia do Senhor. Para isto buscou formar, a pedido dos padres conciliares, os membros da comunidade cristã para uma participação ativa e consciente na celebração. Os membros que formam a assembleia não são meros expectadores, mas povo sacerdotal e celebrante, protagonista de um novo tempo. Como afirma Maldonado:

> A festa dominical nos revela, portanto, que celebrar significa louvar e trazer à memória, recordando e assimilando em nossos dias a origem última da história, a dimensão decisiva da evolução histórica: Cristo morto e ressuscitado. E ela o faz dentro de um formulário de preces de louvor, de ação de graças e de doxologia; mas, também, de preces que pedem aquilo que ainda falta para a realização completa dos desígnios salvíficos de Deus. Essa festa do domingo expressa e transmite alegria e agradecimento pelos dons recebidos; mas manifesta também tristeza e sofrimento, queixa e súplica pelo que ainda se espera e se acredita receber no futuro (MALDONADO, 1988, p. 180).

No domingo, o Povo de Deus é exortado a viver a experiência dos discípulos de Emaús, colocando-se a caminho com o Senhor. Nesse caminho a comunidade apresenta a Deus, por Cristo, as suas alegrias e tristezas, desafios e esperanças. Escuta a Palavra do Senhor, medita-a no mais profundo do coração, que arde ao escutar a voz daquele que veio para nos unir novamente ao Pai. A Palavra acolhida e assimilada no coração conduz todos à Eucaristia. O pão e o vinho depositados no altar são símbolos do trabalho das mãos do homem e da mulher, que se transformarão no corpo e sangue de Jesus. Alimento de vida eterna. A cada domingo somos também enviados, pois muitos ainda precisam escutar a Boa-nova.

Além de celebrarmos a Eucaristia aos domingos, esse dia também nos convida à celebração da Liturgia das Horas. "O dia do Senhor é santificado também pela Liturgia das Horas e por outros atos litúrgicos, como a celebração dos sacramentos e sacramentais. O domingo é tempo apto para a adoração eucarística, para a leitura e a meditação da Palavra de Deus e para a prática de atos de piedade" (MARTÍN, 2006, p. 338).

Enfim, o domingo é dia de ação de graças. De deixar os afazeres próprios dos dias da semana para estar com a família para o repouso semanal. Os nossos pais na fé repousavam no sétimo dia, nós, como discípulos de Cristo, repousamos no oitavo dia, que para nós é dia de festa, pois estamos na presença do noivo, daquele que une a terra ao céu, Jesus Cristo, a porta pela qual passamos para atingir a eternidade. Dessa forma, o domingo, o dia Senhor, é o dia por excelência de celebrar a Páscoa semanal, vivendo a totalidade do mistério pascal celebrado no Ano Litúrgico.

Rezar e viver a espiritualidade de cada tempo

Como já visto, cada tempo litúrgico tem uma espiritualidade e uma riqueza de símbolos e ritos que se somam ao elenco de leituras bíblicas e orações. A cada dia do ano, a Igreja cuidadosamente selecionou textos bíblicos para que, ao meditá-los, pudéssemos nos aproximar do mistério da nossa salvação, nos fortalecer e amadurecer na fé, absorvendo os valores evangélicos, testemunhando-os no nosso dia a dia. Dessa maneira, são diversos os meios e as maneiras de rezar e viver cada tempo litúrgico. Compartilharemos algumas práticas e intuições para que se possa aproveitar dessa fonte inesgotável que é o Ano Litúrgico.

Rezar e meditar os textos bíblicos

Com a renovação conciliar, a Igreja cuidadosamente selecionou um conjunto de textos bíblicos para serem lidos e refletidos diariamente ao longo do Ano Litúrgico, ajudando os fiéis a redescobrirem o valor e a importância dos textos sagrados. Dessa maneira, a Igreja quer alimentar a todos nós com a Palavra de Deus, fonte de revelação de todo o mistério de nossa salvação.

As leituras do Antigo Testamento narram a experiência de fé dos homens e mulheres criados por Deus à sua imagem e semelhança. Apresentam a insistente iniciativa do Pai em vir ao encontro da humanidade para salvá-la. Trata-se de textos que mostram o testemunho dos profetas que exortavam os homens e mulheres à conversão e profetizavam a vinda do messias. O Novo Testamento, por sua vez, revela o cumprimento da promessa, narrando o nascimento do Salvador, sua vida pública e ensinamentos, sua morte e ressurreição e o mandato de ir e anunciar a todo o povo a Palavra da Vida (cf. Mt 28,19). Ainda, toda missão dos discípulos que, cumprindo fielmente a missão deixada por Cristo, edificaram a Igreja, corpo do Senhor. Dessa maneira, o Novo Testamento se torna a chave de leitura para toda a Bíblia.

Assim, ler e meditar diariamente os textos bíblicos nos faz ser Igreja hoje, ajudando-nos a ser fiéis ao que Jesus viveu e nos ensinou, constituindo-nos verdadeiramente seus discípulos missionários. O Ano Litúrgico, portanto, com seu elenco de leituras, torna-se fonte inesgotável de encontro com o Senhor. Todos os dias, ao nos dispormos em nos colocar em oração, meditando os textos bíblicos indicados, sobretudo por meio do antiquíssimo método da *lectio divina* sistematizado pelo monge Guido, no ano 1150, abrimo-nos à possibilidade de crescer e amadurecer na fé, confrontando nossa vida à vida de Jesus, aos seus mandamentos e ensinamentos.

A *lectio divina* se torna um poderoso instrumento que, herdado por nós, nos ajudará a compreender os textos sagrados e a experimentar o Verbo que se fez carne e armou sua tenda entre nós (cf. Jo

1,14). O método da *lectio divina* consiste em quatro passos: leitura, oração, meditação e contemplação. Assim sintetiza Guido o Cartuxo:

A leitura procura a doçura da vida bem-aventurada; a meditação a encontra; a oração a pede; e a contemplação a experimenta. A leitura, de certo modo, leva à boca o alimento sólido, a meditação o mastiga e tritura, a oração consegue o sabor, a contemplação é a própria doçura que regala e refaz. A leitura está na casca, a meditação na substância, a oração na petição do desejo, a contemplação no gozo da doçura obtida (*Scala claustralium*).

O Papa Bento XVI, na exortação apostólica pós-sinodal *Verbum Domini*, escreveu: "à *lectio divina*, que é verdadeiramente capaz não só de desvendar ao fiel o tesouro da Palavra de Deus, mas também de criar o encontro com Cristo, Palavra divina viva" (BENTO XVI, 2010, p. 159). A *lectio divina* feita diariamente nos sustenta na fé e nos capacita como Igreja a assumir o discipulado e a missão.

Diante desses quatro passos, é importante compreender a mentalidade em que foi escrita a Bíblia que, não sendo um livro de história, não pode ser interpretada literalmente, "ao pé da letra". É preciso sempre se perguntar pela mensagem que o autor quis transmitir ao escrever aqueles capítulos e versículos, pois cada texto revela a experiência de fé de uma comunidade orante e temente ao Senhor. Desse modo é preciso entrar em sintonia com o texto, ou seja, reconhecer-se dentro dele, identificando-se com algum dos personagens ou situações descritas pela narrativa.

Algumas perguntas poderão auxiliar nessa reflexão:

• Isto já aconteceu comigo?

• Isto serve para mim?

• Isto diz respeito à minha realidade ou de minha família ou comunidade?

• Qual é o assunto ou a ideia principal do texto?

• Qual é o gênero literário?

- Qual é a mensagem de Deus nessa passagem da Bíblia?
- Qual é o contexto desse texto na Bíblia?
- Quais são os personagens que aparecem na passagem da leitura? (O que fazem? Por quê? Com que objetivo? Como se relacionam? O que sentem?)
- Qual é o ambiente do texto?
- Há palavras difíceis no texto? (Recorra a outras traduções da Bíblia buscando sinônimos ou a um dicionário, se possível dicionário bíblico.)
- Tente perceber as várias partes da leitura (cf. BUYST, 2001, p. 9).

Grande liturgista, a religiosa Ione Buyst sugere: "Vejam também a relação da leitura com a festa litúrgica e com as outras leituras. Perguntem: por que foi escolhida esta leitura? Qual é o sentido da leitura em seu contexto litúrgico? De que maneira essa leitura acontece para nós na celebração?" (BUYST, 2001, p. 9).

O elenco de leituras bíblicas proposto pela liturgia da Igreja foi publicado nos livros chamados lecionários, que se dividem em três volumes: Lecionário Dominical (que contém as leituras para os domingos e algumas solenidades e festas), Lecionário Ferial (com as leituras da semana) e o Lecionário Santoral (com os textos para as festas dos santos). O Lecionário Dominical está dividido em três ciclos litúrgicos de um ano. Sendo que, para cada um dos anos, é apresentado um elenco de leituras, tendo um dos evangelhos sinóticos como destaque: No ano A, é lido o Evangelho de Mateus; no ano B, o de Marcos; e, no ano C, o de Lucas. O Evangelho de João, que contém uma linguagem e teologia mais espiritual, é reservado para as algumas solenidades e festas, e alguns domingos do ano B. Para os dias de semana, o lecionário está dividido em anos pares e ímpares (ciclo bienal), sendo o Evangelho comum a ambos os anos.

Nas celebrações dominicais, para saber qual ciclo deve ser lido, basta fazer um cálculo muito simples: somando os algarismos do ano. O ano em que a soma dos algarismos for um número múltiplo de 3 é do ciclo C.

Exemplo: 2022 (2+0+2+2) = 6

Seis é múltiplo de 3, portanto no ano de 2022 proclamamos as leituras do ano C, e consequentemente em 2023, do ciclo A.

Para ter acesso às leituras bíblicas que devem ser proclamadas a cada dia do Ano Litúrgico basta adquirir um subsídio chamado *Diretório Litúrgico*, publicado pela CNBB – esse volume traz as indicações e orientações litúrgicas para cada dia do ano. Ou simplesmente ter uma agenda bíblica ou fazer uma rápida consulta na internet, digitando no campo de pesquisa os termos "liturgia diária". Diversos sites oferecem essa ferramenta, inclusive com textos e roteiros para realizar a *lectio divina*.

Ler, meditar e rezar diariamente os textos bíblicos propostos pela Igreja, sem dúvida, será uma grande fonte de encontro com o Senhor, que nos fortalecerá e ajudará a superar os desafios diários, tornando-nos cristãos ainda melhores, mais comprometidos com os valores evangélicos, conscientes de nossa missão de discípulos missionários.

Espiritualidade, ritos e símbolos de cada tempo

No Advento e no Tempo do Natal

O Tempo do Advento, como vimos, tem dois propósitos: Nas duas primeiras semanas, meditar sobre a segunda vinda de Cristo, a vinda escatológica em que somos convidados a preparar os caminhos do Senhor para sua segunda vinda; já nas duas últimas semanas, refletir sobre a encarnação do Verbo, a primeira vinda. Nesse tempo de quatro semanas, destaca-se a *coroa do Advento*.

A coroa ou guirlanda do Advento surgiu no século XIV na Alemanha, em comunidades evangélicas luteranas. No início do século XX, os católicos adotaram o costume de colocar a coroa nas suas igrejas e casas, influenciados, sobretudo, pelo Movimento Litúrgico. No Brasil, certamente o costume de confeccionar a coroa do Advento provém de missionários alemães ou de brasileiros que conheceram a prática na Europa. Apesar de não ser de tradição latina nem católica, o costume de acender a cada semana uma de suas velas acabou ganhando espaço nas celebrações dominicais de nossas comunidades, ajudando-nos a compreender melhor a espiritualidade e teologia própria desse tempo.

A coroa, como o próprio nome indica, é uma guirlanda de ramos verdes naturais que contém a ideia de tempo e eternidade representada pelo círculo, que não tem começo e nem fim, como sinal de esperança e vida, pelos ramos verdes enfeitados com uma fita vermelha. Essa fita simboliza o amor de Deus que nos envolve, bem como a manifestação do nosso amor, que espera ansioso o nascimento do Filho de Deus. Há ainda quatro velas que são acesas uma em cada domingo do Advento. É o gesto de acendê-las que expressa a progressiva esperança e a vinda gradual da Luz até o esplendor do Natal. A cada vela acesa, a luz aumenta, indicando que a grande Luz, Jesus Cristo, está próxima, dissipando assim todas as trevas do medo e da falta de esperança. É a esperança do Senhor que se aproxima, que sai da eternidade para entrar no nosso tempo e história.

Para nos ajudar a viver de maneira mais intensa o tempo do Advento, a nos prepararmos para acolher o Cristo que vem, sugerimos que a coroa seja confeccionada não só em nossas igrejas e comunidades, mas também em nossas casas, recuperando a sua origem. Para isso, é bom providenciar todo material necessário: vaso ou recipiente redondo, areia ou esponja floral, ramos verdes, fita vermelha e 4 velas, que podem ser de qualquer cor (brancas ou roxas, ou três roxas e uma rosa – que deve ser acesa na terceira semana do Advento, lembrando o domingo da alegria –, ou ainda coloridas).

Para montá-la, use a criatividade. Você pode colocar a areia no recipiente ou a esponja floral bem umedecida e encaixar as quatro velas ao redor do recipiente. Ao redor do recipiente, coloque os ramos verdes formando um círculo, deixando o meio aberto. Por fim, passar a fita vermelha envolvendo o círculo verde. Se tiver crianças e jovens na casa, envolva-os na confecção da coroa. Com a coroa pronta, colocada em um lugar de destaque da casa, combine com toda a família um dia da semana para fazer o acendimento da vela, que poderá ser o domingo, após a missa, ou outro dia conveniente.

Com a família reunida ao redor da coroa, tendo alguém preparado com antecedência um momento de oração, acenda a cada semana uma vela da coroa. O momento de oração pode ser iniciado com o sinal da cruz, um canto para acendimento da vela que remeta à luz, invocação do Espírito Santo, leitura e reflexão de um texto bíblico, e momentos de preces, sendo encerrado com a oração do Pai-nosso. Lembre-se de sempre apagar as velas ao final de cada momento de oração.

Uma guirlanda verde, com enfeites natalinos, também poderá ser confeccionada e colocada na porta principal da casa, como símbolo de que aquela família cristã se prepara para celebrar o nascimento de Jesus.

Após o segundo domingo do Advento, é importante também reunir a família para juntos montarem o **presépio**. Como se sabe, foi idealizado por São Francisco de Assis por volta do ano 1223 para ajudar os camponeses, em sua maioria iletrados, a compreenderem as Sagradas Escrituras que narram o nascimento do Menino Deus. Dessa maneira, o presépio se tornou um sinal visível, didático e pedagógico que nos ajuda a compreender e celebrar o Tempo do Natal. O Papa

Francisco, em sua carta apostólica sobre o significado do presépio, *Admirabile Signum* [Admirável sinal], assim se expressa:

> Armar o presépio em nossas casas ajuda-nos a reviver a história sucedida em Belém. Naturalmente os Evangelhos continuam a ser a fonte que nos permite conhecer e meditar aquele acontecimento; mas, a sua representação no presépio ajuda a imaginar as várias cenas, estimula os afetos, convida a sentir-nos envolvidos na história da salvação, contemporâneos daquele evento que se torna vivo e atual nos mais variados contextos históricos e culturais.
>
> De modo particular, desde a sua origem franciscana, o presépio é um convite a "sentir", a "tocar" a pobreza que escolheu, para si mesmo, o Filho de Deus na sua encarnação, tornando-se assim, implicitamente, um apelo para o seguirmos pelo caminho da humildade, da pobreza, do despojamento, que parte da manjedoura de Belém e leva até à cruz, e um apelo ainda a encontrá-lo e servi-lo com misericórdia nos irmãos e irmãs mais necessitados (*AS* 3).

O presépio geralmente é desmontado após a Festa da Epifania do Senhor, que ocorre no primeiro domingo após 1º de janeiro, popularmente conhecida como Festa dos Santos Reis.

A Igreja nos convida a celebrar, no domingo após o Natal ou no dia 30 de dezembro (caso não ocorra um domingo dentro da oitava), a **Festa da Sagrada Família** de Jesus, Maria e José, sendo uma excelente oportunidade para propor à família de rezarem juntos. Nesse dia, pode-se propor a todos os membros da casa a irem, no mesmo horário, à missa e juntos, fazendo memória da Sagrada Família, receberem a bênção de Deus.

Outro costume significativo acontece no **Domingo da Epifania**, quando as famílias costumam abençoar suas casas, assinalando suas portas com giz bento, escrevendo acima da porta a fórmula de bênção, que é composta pelos dois primeiros números do ano civil que começou, as letras C+M+B, iniciais de três palavras em latim *Christus Mansionem Benedicat*, "Cristo abençoe este lar", e os dois últimos números do ano civil, sempre intercalando com uma cruz, como no exemplo do ano de 2021:

20+C+M+B+21

A piedade popular interpreta as siglas "C+M+B", como sendo as iniciais dos nomes dos três "Reis Magos": Caspar[5], Melquior, Baltasar. Supõe-se que por trás dessa prática esteja um velho costume das regiões de língua alemã[6].

Sugerimos reunir toda a família no domingo em que se celebra a Festa da Epifania do Senhor e, após a missa, abençoar a casa resgatando esse antigo costume. Após a missa, pode-se pedir que o padre de sua comunidade abençoe um pedaço de giz e um pouco de água para aspergir a residência. Chegando a casa, reunidos na porta principal, do lado de fora, o pai ou a mãe ou os avós conduzem (dir.) a bênção, como sugerido.

Bênção do Lar na Festa da Epifania do Senhor

Dir.: Em nome do Pai e do Filho e do Espírito Santo.
Todos: Amém.

---

5 Gaspar pode ser escrito também com C, "Caspar".
6 No Brasil, a Pastoral da Criança tem um belíssimo projeto chamado Pequenos Reis Magos com o objetivo de angariar recursos para as crianças em situação de vulnerabilidade de países subdesenvolvidos e conscientizar as crianças brasileiras sobre a realidade de outros países, além de despertar a solidariedade e o espírito missionário. Próximo à Festa da Epifania, os grupos de crianças vestidas de Reis Magos visitam as casas das famílias por todo o Brasil. Após cantarem e abençoarem as residências, deixando no batente da porta a inscrição com giz, arrecadam dinheiro para as crianças e jovens vulneráveis do mundo. A campanha é inspirada numa prática que se iniciou em 1843, na Alemanha.

Dir.: O Deus, a quem glorificamos a uma só voz, e que nos reuniu hoje para celebrar a Epifania de seu Filho, nos conceda, pelo seu Espírito, termos uns pelos outros um só sentimento, conforme Jesus Cristo.
Todos: Amém.

O dirigente então faz a inscrição da fórmula da bênção com o giz no batente superior da porta principal da casa, colocando, no lugar do traço, os dois últimos números do ano que se iniciou:

20+C+M+B+____

Após a inscrição, o dirigente reza:

Dir.: Senhor Deus do céu e da terra, que revelastes o vosso Filho Unigênito a todas as nações com o sinal de uma estrela: Abençoai esta casa e todos os que nela habitam. Enchei-os com a luz de Cristo, e que o nosso amor pelos outros reflita o vosso. Pelo mesmo Cristo nosso Senhor.
Todos: Amém.

O dirigente ou algum membro da família asperge a casa com água-benta. Em seguida todos rezam a oração do Pai-nosso. Terminada a oração, o dirigente diz:

Dir.: Ó Deus, que hoje revelastes o vosso Filho às nações, guiando-as pela estrela, concedei a esta família aqui reunida, que já vos conhece pela fé, contemplar-vos um dia face a face no céu. Por nosso Senhor Jesus Cristo, vosso Filho, na unidade do Espírito Santo.
Dir.: O Senhor nos abençoe, nos livre de todo mal e nos conduza à vida eterna.
Todos: Amém.

No Tempo da Quaresma e da Páscoa

O Ciclo da Páscoa é um dos mais ricos em simbologias, celebrações e práticas oriundas da piedade popular. Inicia-se na **Quarta-feira de Cinzas,** com a imposição das cinzas. Para viver bem esse dia, é importante observar a prática do jejum e a participação na celebração eucarística recebendo no alto da cabeça as cinzas feitas com os ramos abençoados no Domingo de Ramos do ano anterior. Para maior proveito espiritual, é importante unir a essas duas práticas a consciência do convite que o Tempo Quaresmal nos faz: reconhecer os nossos pecados e fragilidades, nos abrindo ao arrependimento e conversão. A abstenção de alimentos indica a necessidade de nos alimentarmos da Palavra de Deus; as cinzas recebidas são um gesto de aceitação e reconhecimento dessa Palavra. Como sinal, as cinzas ainda nos lembram de que:

> Tudo se torna cinza. A minha casa, a minha roupa, os meus móveis, o meu dinheiro, campos, prados, bosques. O cão que me acompanha e o animal que está no curral. A mão com que escrevo, o olho que lê, e todo o meu corpo. As pessoas que amei, aquelas que odiei e as que temi. O que me pareceu grande sobre a terra, o que me pareceu pequeno, o que considerei desprezível – tudo cinza, tudo... (GUARDINI, 2017, p. 42).

Receber as cinzas na cabeça e ouvir de quem as impõe: "Convertei-vos e crede no Evangelho" ou "Lembra-te que és pó, e ao pó hás de voltar", indica que é a Palavra de Deus por excelência que nos provoca mudança e conversão, e que a nossa segurança não está nas coisas materiais, pois tudo isso irá passar, virará pó.

Durante quarenta dias, somos convidados a viver um grande retiro quaresmal, meditando a Palavra de Deus e observando as práticas do jejum e abstinência, da oração e da caridade como ferramentas que nos fortalecem no combate contra o espírito do mal[7]. Também tem

---

7 Conforme legislação complementar da CNBB, o jejum pode ser substituído por outras práticas de penitência, caridade ou piedade.

lugar especial nesse tempo a meditação das estações da **via-sacra** em que contemplamos os mistérios da paixão e morte do Senhor. Sem dúvida, reunidos em comunidade, ou em família ou individualmente, a reflexão das estações da via-sacra torna-se um importante instrumento para vivenciar o próprio do tempo.

No período da Quaresma ainda, a Igreja do Brasil nos propõe um período de vivência concreta de gestos de fraternidade em torno de um tema comum. É a chamada **Campanha da Fraternidade**. Assim a Quaresma se reveste de um significado atual dentro de um convite à reflexão e à prática do amor fraterno. Desse modo, várias iniciativas surgem em torno do tema da Campanha da Fraternidade. Vale a pena conhecer a programação preparada por sua comunidade e participar.

A Quaresma é o tempo por excelência para nos aproximarmos do **Sacramento da Penitência**. É uma oportunidade que a Igreja nos dá de humildemente nos reconciliarmos com Deus e com nossos irmãos e irmãs. Por isso, reserve um dia para se confessar e se prepare espiritualmente, faça seu exame de consciência e, diante do sacerdote, receba a absolvição sacramental[8].

No **Domingo de Ramos**, após participar da missa em que se recorda a entrada do Cristo em Jerusalém para realizar seu mistério pascal, tendo abençoado seu ramo[9], o coloque na porta ou no portão de casa, marcando a residência como sinal da vitória de Jesus Cristo, e como testemunho de que sua família se prepara para viver a paixão do Senhor. Os ramos podem permanecer aí durante todo Tempo Pascal.

Durante a **Semana Santa**, muitas práticas devocionais são propostas por nossas comunidades: procissões; sermão das sete últimas

---

8 Não deixe para se confessar na Sexta-feira Santa, pois nesse dia na Igreja não se celebra nenhum sacramento. A Quaresma é um tempo de preparação, e, por isso, o momento mais indicado para a confissão.
9 Vale lembrar que os ramos bentos são um sacramental e que não podem ser usados como um amuleto. São apenas sinais que nos ajudam a contemplar o mistério da Páscoa do Senhor.

palavras de Jesus; meditação das sete dores de Nossa Senhora; ofício das trevas; encenação da paixão do Senhor... Enfim, somos herdeiros de uma rica tradição da piedade popular. Essas práticas podem nos ajudar a adentrar no mistério da paixão do Senhor, e assim vivenciar a espiritualidade própria desse tempo. O ápice da Semana Santa é o Tríduo Pascal. A celebração que se inicia na noite da Quinta-feira Santa, com a missa vespertina da Ceia do Senhor, e que se prolonga até a Vigília Pascal. Participar de todo o Tríduo Pascal é indispensável ao cristão. No Sábado Santo, durante a Solene Celebração da Luz, tem-se a bênção do **círio pascal**, símbolo da presença do Cristo Ressuscitado na vida da Igreja, que permanece aceso durante todo o Tempo Pascal ao lado do ambão ornado com flores. Representa a presença do Cristo Luz do mundo no coração da sua Igreja. As letras A (alfa) e Ω (ômega), primeira e última letra do alfabeto grego gravadas no círio, querem dizer que o Cristo é o princípio e o fim de todas as coisas (cf. Jo 22,13). Os números do ano corrente demonstram que Cristo é o Senhor do tempo (presente e escatológico). A cruz e seus cravos (de grãos de incenso) fazem memória do caminho da cruz redentora por onde o Cristo passou e ainda passa nos sofrimentos atuais da humanidade. Cada um desses símbolos aponta para o alto onde está a luz da vitória, a realidade última prometida por Deus: a ressurreição.

Esse símbolo litúrgico tem sido introduzido nas famílias por algumas comunidades que oferecem um "minicírio" abençoado na Vigília Pascal e depois pode ser levado para casa como sinal do Ressuscitado. Sem dúvida, a iniciativa é válida e o minicírio poderá ser aceso durante todo o Tempo Pascal durante os momentos de oração em família.

A **água**, com a qual todos nós batizados fomos banhados, ganha um profundo significado no Tempo Pascal. A começar pela solene aspersão dos fiéis feita na Vigília Pascal em memória do Batismo. Essa água nos recorda a vida nova, o dia da nova criação, o dia em que fomos incorporados a Cristo. Muitas paróquias disponibilizam, ao final da Vigília, água para os fiéis levarem para casa. Se em sua comunidade não há esse costume, leve uma garrafinha de água para ser abençoada na celebração da ressurreição do Senhor, para depois aspergir toda a sua casa.

O **girassol**, flor símbolo do cristão, costuma ornamentar nossas igrejas nesse período pascal, lembrando que assim como o girassol que "gira" à procura da luz, nós também, fiéis e seguidores do Ressuscitado, sempre devemos ir ao encontro da grande e verdadeira Luz, que é Jesus Cristo nosso Senhor. Talvez fosse interessante também, durante o Tempo Pascal, ter um vaso com girassóis em casa que, além de ornamentar o ambiente, nos lembrará sempre de nossa postura enquanto cristãos.

Entre os domingos em que celebramos a Ascensão do Senhor e a Solenidade de Pentecostes, o Conselho Nacional de Igrejas Cristãs do Brasil (Conic)[10] promove a **Semana de Oração pela Unidade dos Cristãos**, a cada ano propondo um tema a ser refletido. Vale a pena se informar e participar dessa bela iniciativa, que visa superar as diferenças, propondo o diálogo e o bem comum.

Que tal rezar durante essa semana de oração pela unidade dos cristãos a versão ecumênica do Pai-nosso:

Pai nosso que estás nos céus santificado seja o teu nome, venha o teu Reino. Seja feita a tua vontade, assim na terra como no céu. O pão nosso de cada dia nos dá hoje, perdoa-nos as nossas ofensas, assim como nós perdoamos a quem nos tem ofendido. E não nos deixes cair em tentação, mas livra-nos do mal, pois teu é o Reino, o poder e a glória para sempre. Amém.

---

10 Fundado em 1982, com sede em Brasília. Seus objetivos envolvem a promoção das relações ecumênicas entre as Igrejas cristãs e o testemunho conjunto das Igrejas membros na defesa dos direitos humanos como exigência de fidelidade ao Evangelho.

O Tempo Pascal termina no Domingo de **Pentecostes**. Para esse dia, a Igreja propõe participar de uma vigília para o sábado à noite e de uma missa para o domingo. Nesse dia, fazermos memória da vinda do Espírito Santo para nos transformar em testemunhas do Evangelho diante do mundo.

No Tempo Comum

Nesse tempo, destinado ao acolhimento da Boa-nova do Reino de Deus anunciado por Jesus, tem lugar a celebração dominical da Eucaristia, Páscoa semanal dos cristãos. Portanto, a primeira maneira de viver bem esse tempo é valorizar o Domingo como dia do Senhor, participando sobretudo da celebração da Eucaristia ou da Palavra.

Nesse Tempo ainda, poderão ocorrer algumas solenidades, festas e memórias, agregadas de práticas de piedade significativas que poderão nos ajudar a adentrar no Ano Litúrgico. Elencamos alguns exemplos:

• No dia 2 de fevereiro celebra-se a Festa da **Apresentação do Senhor**, fazendo memória da oferta da Virgem Maria e da profecia de Simeão (cf. Lc 2,33-35). Essa festa também é conhecida como Festa das Luzes ou da Candelária, por causa da tradicional bênção seguida da procissão das velas. A luz irradiada pelas velas nos recorda que Deus é a fonte e a origem de toda luz. Nesse dia, portanto, você poderá participar da celebração, levando velas para serem abençoadas e que poderão ser acesas durante o ano nos momentos de oração pessoal e familiar.

• No dia seguinte, 3 de fevereiro, faz-se memória do bispo e mártir **São Brás**, ocasião em que se costuma abençoar as gargantas. De acordo com a piedade popular, quem celebra, cruzando duas velas abençoadas na Festa da Apresentação do Senhor, as aproxima das gargantas e tocando-as com as velas diz: "Por intercessão de São Brás, bispo e mártir da Igreja, livre-te Deus de todos os males da garganta".

Desse modo, será possível pedir a quem preside a bênção da garganta se esta não for dada ao fim da celebração.

• A Solenidade de **Corpus Christi**, celebrada na quinta-feira depois da Solenidade da Santíssima Trindade, é uma oportunidade por excelência de celebrarmos a partilha e a solidariedade. Nesse dia, as comunidades poderão promover a arrecadação de roupas e alimentos para os mais pobres. Ainda, onde for costume, as famílias, sobretudo as que tiverem filhos na catequese, poderão se reunir para confeccionar os tradicionais tapetes ornamentais, onde passará a procissão com o Santíssimo Sacramento. Esse momento favorecerá a convivência fraterna e o fortalecimento dos vínculos afetivos.

• Na sexta-feira após o segundo domingo depois de Pentecostes celebra-se a Solenidade do **Sagrado Coração de Jesus**, ocasião em que a Igreja nos convida a rezar pela santificação do clero. Nesse dia, tire um tempo para rezar pelos padres e bispos, para que sejam pastores segundo o coração de Jesus, que sejam fiéis ao chamado que Deus lhes fez.

• No mês de junho, a piedade popular nos oferece as tradicionais **festas juninas**, com reza do terço, levante do mastro e outras práticas de acordo com cada região. Em torno dos santos populares – Santo Antônio de Pádua (dia 13), São João Batista (dia 24, sua Natividade) e São Pedro (dia 29, solenidade celebrada juntamente com São Paulo) – temos uma riqueza cultural, folclórica e de fé que pode ajudar as nossas comunidades a se aproximarem do mistério de Cristo.

• Ao longo do calendário litúrgico, celebramos inúmeras **memórias de santos e santas, mártires e beatos**, que em suas vidas conseguiram assumir o mistério de Cristo, tornando-se testemunhas e fontes motivadoras para nossa vivência da fé. O documento conciliar *Sacrosanctum Concilium* assim se expressa:

> Ao celebrar o trânsito dos santos desde mundo ao céu, a Igreja proclama o mistério pascal realizado neles que sofreram com

Cristo e nele foram glorificados. A Igreja os propõe aos fiéis como exemplos, e implora os benefícios de Deus para que todos sejam atraídos ao Pai por Jesus Cristo e pelos merecimentos dos santos (SC 104).

Dessa forma, no culto aos santos devemos celebrar não a sua vida em si, mas a ação de Deus que os moldou e os alimentou, ou seja, devemos proclamar as maravilhas realizadas por Cristo em suas vidas, tomando cuidado para que não ofusquem o mistério central celebrado pela Eucaristia.

Meses temáticos

No Brasil, existem alguns meses "temáticos", em que a Igreja nos convida refletir e meditar sobre conteúdos específicos. Destacam-se os meses de maio, dedicado a Nossa Senhora; agosto, dedicado às vocações; setembro como mês da Bíblia e outubro, como mês missionário. Esses meses não pertencem ao Ano Litúrgico e muito menos à liturgia.

Somam-se a esses meses, semanas e dias com temas variados na tentativa de destacar e chamar a atenção para um tema importante para a comunidade. Como exemplo, pode-se citar a "semana da família", o "domingo do dízimo" ou o dia "x" de cada mês, dedicado a tal santo padroeiro. Diante de tais práticas, sejam os meses, ou outras datas, é importante frisar que a liturgia tem sua dinâmica e temas próprios, que emergem do mistério pascal, do calendário litúrgico e da Palavra proclamada a cada celebração. Assim, é preciso ter um grande cuidado para que os meses, semanas e dias temáticos não ofusquem a liturgia e o que realmente é essencial e central no mistério celebrado, pois

a liturgia não pode se tornar lugar para discutir soluções e respostas para os temas e problemas que afligem a comunidade. A liturgia "não esgota toda a ação da Igreja" [SC 9]. Ela é, sim, "o cume para o qual tende a ação da Igreja e, ao mesmo tempo, é a fonte de onde emana a sua força" [SC 10]. [...] Para dar aos meses e dias temáticos o seu justo lugar, é importante que a equipe de pastoral litúrgica prepare bem a celebração, não reproduzindo apenas folhetos e subsídios oferecidos. Na missa, os "temas" podem ser lembrados no início (recordação da vida), na homilia e nas preces dos fiéis (CNBB, 2017, p. 27).

Desse modo, é preciso ter claro que essas práticas, tanto as devocionais quanto aquelas criadas como ferramenta pastoral para dinamizar alguns assuntos, podem e devem, primeiramente, encontrar lugar nas reflexões da comunidade, seja grupos de rua, comunidades eclesiais missionárias, bem como na catequese e em outros espaços pastorais. A liturgia não pode ser instrumentalizada, podendo, sim, ser um momento agregador, mas não o centro dessas práticas.

O **mês dedicado a Maria** é de origem devocional, remonta aos tempos barrocos (século XVII), e pode ter surgido por influência de costumes pagãos, como o da antiga Grécia, em que o mês de maio era dedicado a Artemisa, deusa da fecundidade (numa tentativa de cristianizar essa prática). Decerto esse costume perdura até hoje, e é envolvido de inúmeras práticas de piedade, como a reza do terço, a recitação do ofício de Nossa Senhora e de sua coroação. No âmbito civil, comemora-se o dia das mães e o mês das noivas.

Na liturgia, celebra-se a Festa de Nossa Senhora de Fátima no dia 13 de maio e a Festa da Visitação de Nossa Senhora no dia 31. Fora essas duas datas pontuais, no mês de maio, vivemos o Tempo Pascal. Portanto, é preciso muito cuidado para não ofuscar a grande festa desse tempo, a ressurreição do Senhor. Na liturgia, Maria encontra lugar especial nos últimos dias do Advento e no Natal, além das diversas celebrações durante o ano, em que se recordam seus vários títulos e dogmas. Tradicionalmente, a liturgia ainda faz memória da Santa Virgem Maria nos sábados do Tempo Comum, quando não ocorre nenhuma memória obrigatória.

Agosto é o **mês vocacional**. A Igreja do Brasil, a cada semana do mês de agosto, nos convida a refletir sobre uma vocação específica: na primeira semana, o sacerdócio; na segunda, o matrimônio (dia dos pais); na terceira, a vida religiosa; na quarta, os leigos (catequistas). O mês foi escolhido para desenvolver uma grande reflexão e valorização das vocações e para se intensificarem as orações nessa intenção, ou seja, um terreno fértil para o trabalho da pastoral vocacional. Um dos grandes motivos por se ter escolhido esse mês é por celebrarmos no dia 4 a memória de São João Maria Vianney, homem de austera penitência, de profunda vida interior e de generoso impulso caritativo, tido como patrono dos presbíteros. São muitas as ações desenvolvidas durante esse mês em nossas paróquias e comunidades: adoração ao Santíssimo, vigílias, Semana da Família... Conheça e participe.

O **mês da Bíblia** é celebrado em setembro pela Igreja do Brasil, pois se comemora no dia 30 desse mês a memória de São Jerônimo, responsável por traduzir a Sagrada Escritura para o latim, chamada de Vulgata (de *vulgata editio*, "edição para o povo"). A iniciativa foi da Arquidiocese de Belo Horizonte por ocasião do seu cinquentenário em 1971. O Serviço de Animação Bíblica da Congregação das Irmãs Paulinas levou adiante a proposta, até que foi assumida por toda a Igreja em nível nacional, por meio da Conferência Nacional dos Bispos do Brasil (CNBB). Dessa forma, o mês dedicado à Palavra de Deus é uma oportunidade de estimularmos o contato com os textos bíblicos, de redescobrirmos a sacramentalidade da Palavra de Deus, de ajudar os fiéis a criarem intimidade com esse livro. Por ser uma estratégia pastoral, deve-se evitar levar para a liturgia práticas que não pertencem à ação ritual, como a "entrada da Bíblia", mas sim fomentar atividades nos grupos e pastorais, de modo especial na catequese.

Em outubro, a Igreja celebra também o **mês missionário**. À luz da Palavra de Deus, a Igreja é chamada a refletir sobre a sua vocação batismal de continuadora do ministério de Jesus. Ele não se autoanunciou; mas, no cumprimento da vontade do Pai, buscou testemunhar e implantar entre nós o Reino de Deus. Por isso, toda a comunidade cristã, seguindo os seus passos, é chamada a anunciar o querigma, a mensagem fundamental que reúne todos os povos em torno de um único projeto: a busca plena da realização do Reino de Deus. A nosso ver esse seria o mês mais oportuno para dedicarmos um tempo maior à meditação sobre a participação de Maria na história da redenção, tendo-a como um modelo perfeito de vida missionária a ser imitado no seguimento e testemunho da pessoa de seu Filho.

Conclusão

É no tempo que nascemos e morremos... É no tempo que nos alegramos e choramos... É no tempo que crescemos, amadurecemos e fazemos todas as experiências da vida. E esse tempo pode ser classificado como bom ou ruim, dependendo de como o vivemos, das escolhas que nele fazemos. E é sobretudo no tempo que nos encontramos com Deus e temos a oportunidade de nos santificarmos. Joseph Ratzinger disse que:

> Onde o tempo se torna o senhor do homem, este se torna escravo. [...] Jesus Cristo é a vitória sobre o Cronos, um homem que teve tempo para Deus, libertando assim os homens da ditadura do tempo [...]. Não deveríamos tornar a fazer a tentativa de libertarmos o tempo para Deus, de fazermos o tempo ser de Deus? (2007, p. 345).

Sem dúvida, o Ano Litúrgico é a maneira que a Igreja achou de nos ajudar a viver e a experimentar o Tempo de Deus, fazendo-nos compreender que o tempo sem Ele se torna vazio, limitado, sem sentido... Ele nos torna reféns de um repetir-se contínuo que nos escraviza com o trabalho e os afazeres domésticos... Dessa forma, a cada hora do dia, a cada dia da semana, ao longo do ano civil (tempo dos homens), a liturgia nos propõe, por meio do calendário litúrgico, diversas celebrações, fazendo-nos experimentar esse Deus que se doa, que desce e inunda com seu amor o nosso *chronos*, transformando-o em *kairós*, em tempo oportuno de graça.

Fazendo memória da paixão, morte e ressurreição do Senhor, somos libertados, encontrando sentido para o tempo e para nossa vida, transformando o tempo em esperança e alegre espera para o nosso fim último: viver junto de Deus eternamente, numa vida sem fim. O Ano Litúrgico, portanto, é essa espiral que nos move e nos leva para o alto, que nos faz crescer e amadurecer na fé.

Que possamos descobrir e redescobrir o tempo de Deus, vivendo cada dia do Ano Litúrgico, santificando cada hora do dia, celebrando suas solenidades, festas e memórias, reunidos como Igreja, corpo do Senhor. Que o tempo vivido de modo consciente e celebrado com fé possa nos aproximar de Deus, unindo-nos a Ele.

Referências

AGOSTINHO. *Confissões*. Petrópolis: Vozes, 2015.

ALDAZÁBAL, J. *A Eucaristia*. Petrópolis: Vozes, 2002.

AUGÉ, M. *L'anno liturgico*: È Cristo stesso presente nella sua Chiesa. Cidade do Vaticano: Libreria Editrice Vaticana, 2011.

_____. *Liturgia*: storia, celebrazione, teologia, spiritualità. Cinisello Balsamo: San Paolo, 1992.

BECKHÄUSER, A. *Celebrar a vida cristã*. Petrópolis: Vozes, 2007.

BÉGUERIE, P. & BEZANÇON, J.N. *A missa de Paulo VI*. São Paulo: Paulus, 2016.

BENTO XVI. *Exortação apostólica pós-sinodal Verbum Domini*: a Palavra de Deus na vida e na missão da Igreja. São Paulo: Paulinas, 2010.

BERGAMINI, A. "Ano litúrgico". In: SARTORE, A.D. & TRIACCA, M. *Dicionário de Liturgia*. São Paulo: Paulinas, 1992.

Bíblia de Jerusalém. São Paulo: Paulus, 2002.

BUYST, I. *O ministério de leitores e salmistas*. São Paulo: Paulinas, 2001.

CASEL, O. *O mistério do culto no cristianismo*. 2. ed. São Paulo: Loyola, 2011.

Catecismo da Igreja Católica. São Paulo: Loyola, 2011.

CERVERA, J.C. *L'Anno liturgico*: Memoriale di Cristo e mistagogia della Chiesa con Maria Madre di Gesù – Corso di spiritualità liturgica. Roma: Centro di Cultura Mariana Mater Ecclesiae, 1987.

CNBB. *Guia litúrgico-pastoral*. Brasília: CNBB, 2017.

_____. *Instrução Geral do Missal Romano e Introdução ao Lecionário*. Brasília: CNBB, 2009.

COSTA, V.S. *Liturgia das Horas*: celebrar a luz pascal sob o signo da luz do dia. São Paulo: Paulinas, 2007.

Didaqué – Instrução dos Apóstolos. Petrópolis: Vozes, 2019.

Documentos do Concílio Ecumênico Vaticano II (1962-1965). 3. ed. São Paulo: Paulus, 2014.

FERREIRA, E.S. "O Itinerário pedagógico da fé nas celebrações do Ano Litúrgico". In: *Questões de Teologia*, 34, 2018, p. 131-153.

FRANCISCO. *Carta apostólica Admirabile Signum* – Sobre o significado e valor do Presépio. Brasília: CNBB, 2019.

GUARDINI, R. *Sinais Sagrados*. Fátima: Secretariado Nacional de Liturgia, 2017.

LEIKAM, R. "Quando celebramos?" In: VV.AA. *Manual de liturgia do Conselho Episcopal Latino-Americano*. Vol. 1: A celebração do mistério pascal – Introdução à celebração litúrgica. São Paulo: Paulus, 2004, p. 185-188.

MADURGA, J.M. *Celebrar a salvação*: iniciação à liturgia. São Paulo: Paulus, 1999.

MALDONADO, L. *A ação litúrgica*. São Paulo: Paulus, 1998.

MARTÍN, J.L. *A liturgia da Igreja*: teologia, história, espiritualidade e pastoral. São Paulo: Paulinas, 2006.

Missal Romano. São Paulo/Petrópolis: Paulinas/Vozes, 1992.

MOHLBERG, L.C. (ed.). *Sacramentarium Veronense 1171*. Roma: Herder, 1994 [Rerum Ecclesiasticarum Documenta – Series maior, Fontes 1].

PARO, T.C. *Conhecer a fé que professamos*. Petrópolis: Vozes, 2017.

Pontifical Romano. São Paulo: Paulus, 2000.

RATZINGER, J. *Dogma e anúncio*. São Paulo: Loyola, 2007.

ROSAS, G. "A celebração do mistério de Cristo no Ano Litúrgico". In. CE-LAM. *Manual de Liturgia*. Vol. IV. São Paulo: Paulus, 2007.

_____. "O tempo na liturgia". In. CELAM. *Manual de Liturgia*. Vol. II. São Paulo: Paulus, 2005.

SARTORE, D. & TRIACCA, A.M. (orgs.). *Dicionário de liturgia*. São Paulo: Paulus, 1992.

SILVA, V.S. "O Ano Litúrgico: *locus* privilegiado da formação cristã e do amadurecimento na fé". *Revista de Cultura Teológica* 82, 2013, p. 195-221.

Coleção Formação Cristã
Coordenador: Welder Lancieri Marchini

- *Conhecer o Creio que professamos*
  Oscar Maldonado

- *Conhecer a Missa que celebramos*
  Antônio Sagrado Bogaz / João Henrique Hansen

- *Conhecer o Ano Litúrgico que vivenciamos*
  Pe. Rodrigo Arnoso, CSSR / Pe. Thiago Faccini Paro

Conecte-se conosco:

f facebook.com/editoravozes

◉ @editoravozes

𝕏 @editora_vozes

▶ youtube.com/editoravozes

☎ +55 24 2233-9033

www.vozes.com.br

Conheça nossas lojas:

www.livrariavozes.com.br

Belo Horizonte – Brasília – Campinas – Cuiabá – Curitiba
Fortaleza – Juiz de Fora – Petrópolis – Recife – São Paulo

  Vozes de Bolso

EDITORA VOZES LTDA.
Rua Frei Luís, 100 – Centro – Cep 25689-900 – Petrópolis, RJ
Tel.: (24) 2233-9000 – E-mail: vendas@vozes.com.br